賃貸だけどDIYやってみた！

DIY IDEAS FOR RENTAL HOUSE!

ユリカ
YURIKA

KADOKAWA

プロローグ

2024年4月30日
東京・高円寺南にある
築63年の戸建て賃貸に
一念発起して上京してきた
収入から考えると
かなり背伸びした
家賃だけど
願掛けの意味を
込めて、この家から
新しい人生を
スタートさせたい
今日から
よろしく
お願いします

〜事のはじまり〜

そろそろ高円寺の近くで古着屋やってみようかな
ユリカちゃんも一緒に住む？
当時東京の足立区で古着屋をしていた遠距離恋愛中の彼氏
長崎の一人暮らしの家
うわぁ〜
悩むなぁ…
仕事上つながりの多い東京
散々迷ったが私も人生の挑戦として上京を決意
がんばって楽しんでおいで
祖母
母
彼氏の店舗も兼ねているので駅近で、ある程度広い家を探していると
自然とこの家に絞られた

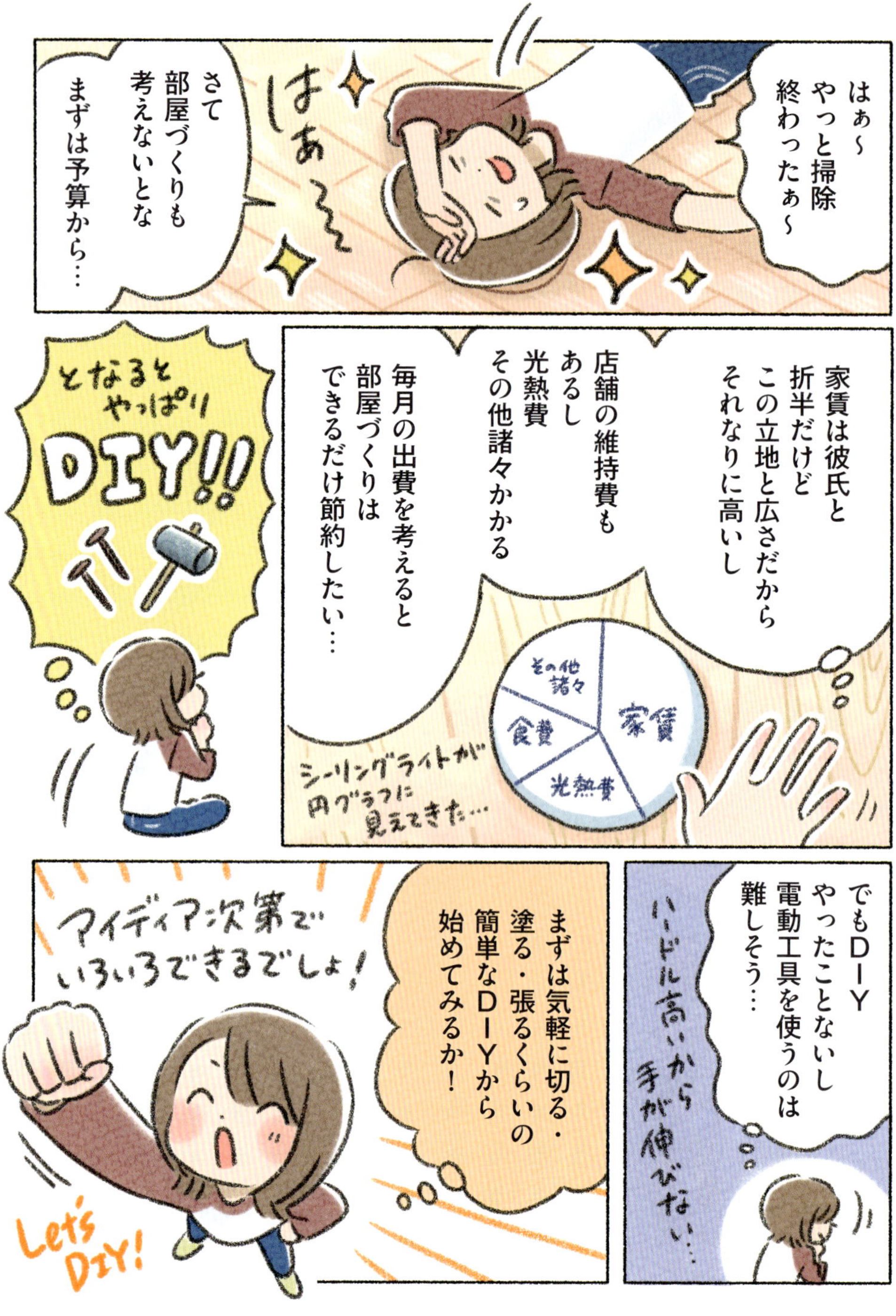
はぁ〜
やっと掃除
終わったぁ〜
はぁ〜〜
さて
部屋づくりも
考えないとな
まずは予算から…
家賃は彼氏と
折半だけど
この立地と広さだから
それなりに高いし
店舗の維持費も
あるし
光熱費
その他諸々かかる
毎月の出費を考えると
部屋づくりは
できるだけ節約したい…
その他諸々
家賃
食費
光熱費
シーリングライトが
円グラフに
見えてきた…
となると
やっぱり
DIY!!
でもDIY
やったことないし
電動工具を使うのは
難しそう…
ハードル高いから
手が伸びない…
まずは気軽に切る・
塗る・張るくらいの
簡単なDIYから
始めてみるか!
アイディア次第で
いろいろできるでしょ!
Let's DIY!

人物紹介

ユリカ

愛知県出身、長崎県育ち。
整理整頓とものづくりが好き。
戸建てに住むのは初めてなのでステキな部屋にしたいと思っている。

DIYしっかりやってみたかったんだよね

自由にやりたいようにやりなね

彼氏（森崎）

長崎県出身で同い年。
服好きでマイペース。
家の2階で古着屋を開く予定。

目次

CONTENTS

・本書の内容は、著者の体験や取材をもとに、初心者でもわかりやすいように構成しているため、実際のDIYの手順とは異なる箇所があります。
・紹介している商品の価格は2025年3月現在のものです。店舗によっては在庫がない場合や、現在取り扱いをしていない場合があります。
・フックや建具などを取りつける際は、耐荷重や壁などの材質を確かめてください。
・施工する際は、けがなどにご注意の上、個人の責任で行なってください。施工に際して生じた損害等につきましては、弊社は一切責任を負いません。
・施工方法や必要な道具・材料については、環境によって異なるため個別にご案内できません。

<STAFF>
ブックデザイン／平谷美佐子
ＤＴＰ／茂呂田剛（エムアンドケイ）
校正／根津桂子、新居智子

ユリカのＤＩＹルール

YURIKA'S DIY RULES

1 プロじゃないので、完璧を目指さない

初心者なので、プロのようにきれいにできなくて当たり前。前よりもよくなったらうれしい、くらいの気持ちでＤＩＹしています。

2 安い材料や道具も積極的に利用する

１００均や、ホームセンターの安価な材料も積極的に使って、「人に頼むよりずっと安くできた！」という喜びを追求しています。

3 簡単にできる方法を探してトライする

もちろん取扱説明書や商品のカタログはしっかり読みますが、もっと簡単にできる方法はないかな？といつも考えて、二度塗りのところを一度塗りにするなど、手間を省けないかを考えながら行ないます。

4 失敗したらまたやればいい、くらいの気持ちでやる

時にはムラになってしまったり、位置がずれてしまったり。でもそれも手作業ならではの「味」と、いいほうに捉えます。

5

わからないことはどんどん人に聞く

説明書やホームページでよくわからないことは、ホームセンターの方や、インターネットでDIYを紹介している先輩方に積極的に質問します。

6

自分軸の快適さやかわいさを追求する

DIYやインテリアにも流行がありますが、あくまで自分目線で。流行《はや》っていなくても自分が快適でかわいければ採用します。

7

DIYした部屋を愛《め》でる

DIYした部屋は唯一無二の私だけの空間。どんどん使って、くつろいで、時には人を招いて、部屋のよさを味わいます。

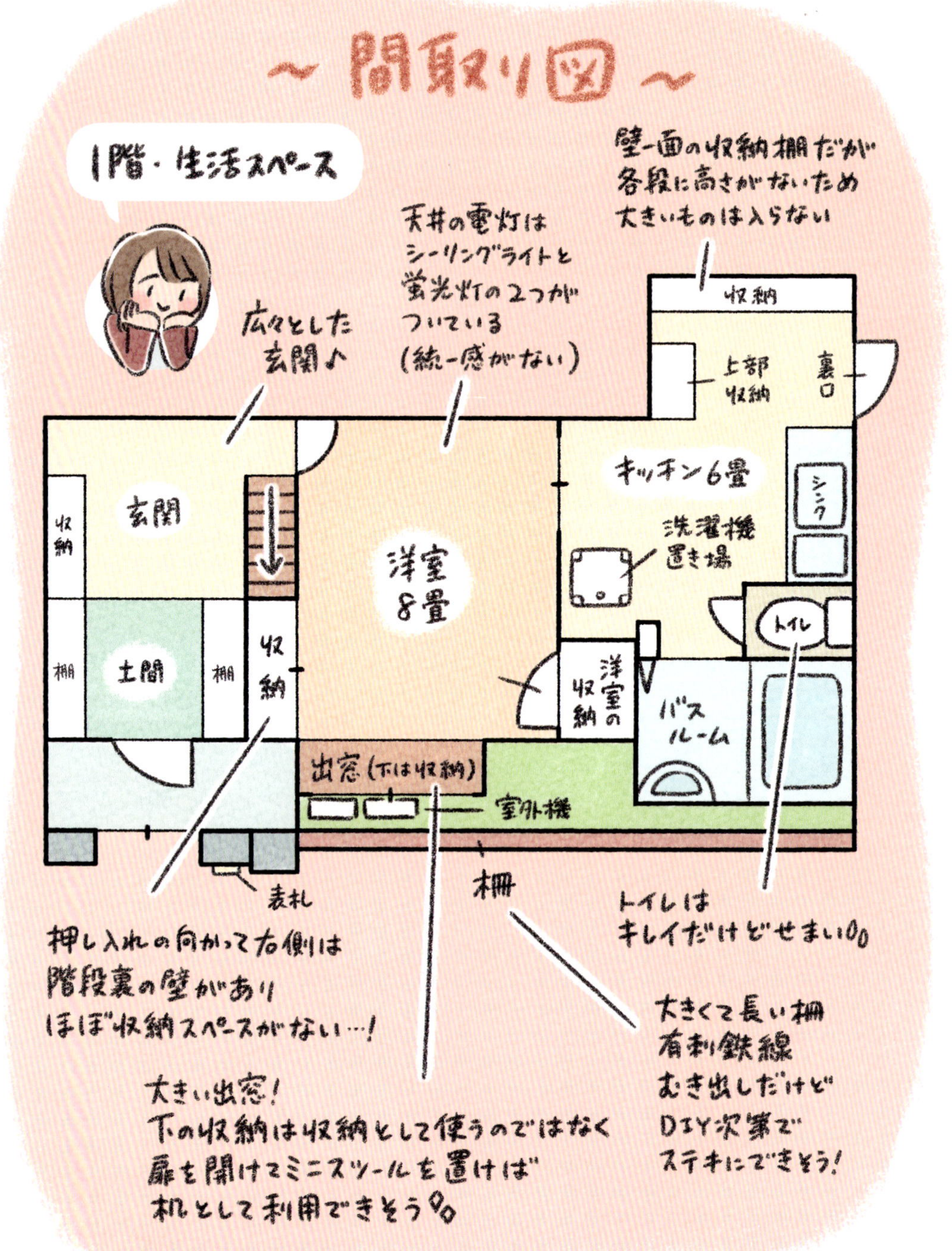

~間取り図~
1階・生活スペース
壁一面の収納棚だが 各段に高さがないため 大きいものは入らない
天井の電灯は シーリングライトと 蛍光灯の2つが ついている (統一感がない)
広々とした 玄関♪
収納
上部 収納
裏口
キッチン6畳
シンク
洗濯機 置き場
トイレ
玄関
収納
洋室 8畳
棚
土間
棚
収納
洋室の 収納
バス ルーム
出窓(下は収納)
室外機
表札
柵
トイレは キレイだけどせまい
押し入れの向かって右側は 階段裏の壁があり ほぼ収納スペースがない…!
大きくて長い柵 有刺鉄線 むき出しだけど DIY次第で ステキにできそう!
大きい出窓! 下の収納は収納として使うのではなく 扉を開けてミニスツールを置けば 机として利用できそう

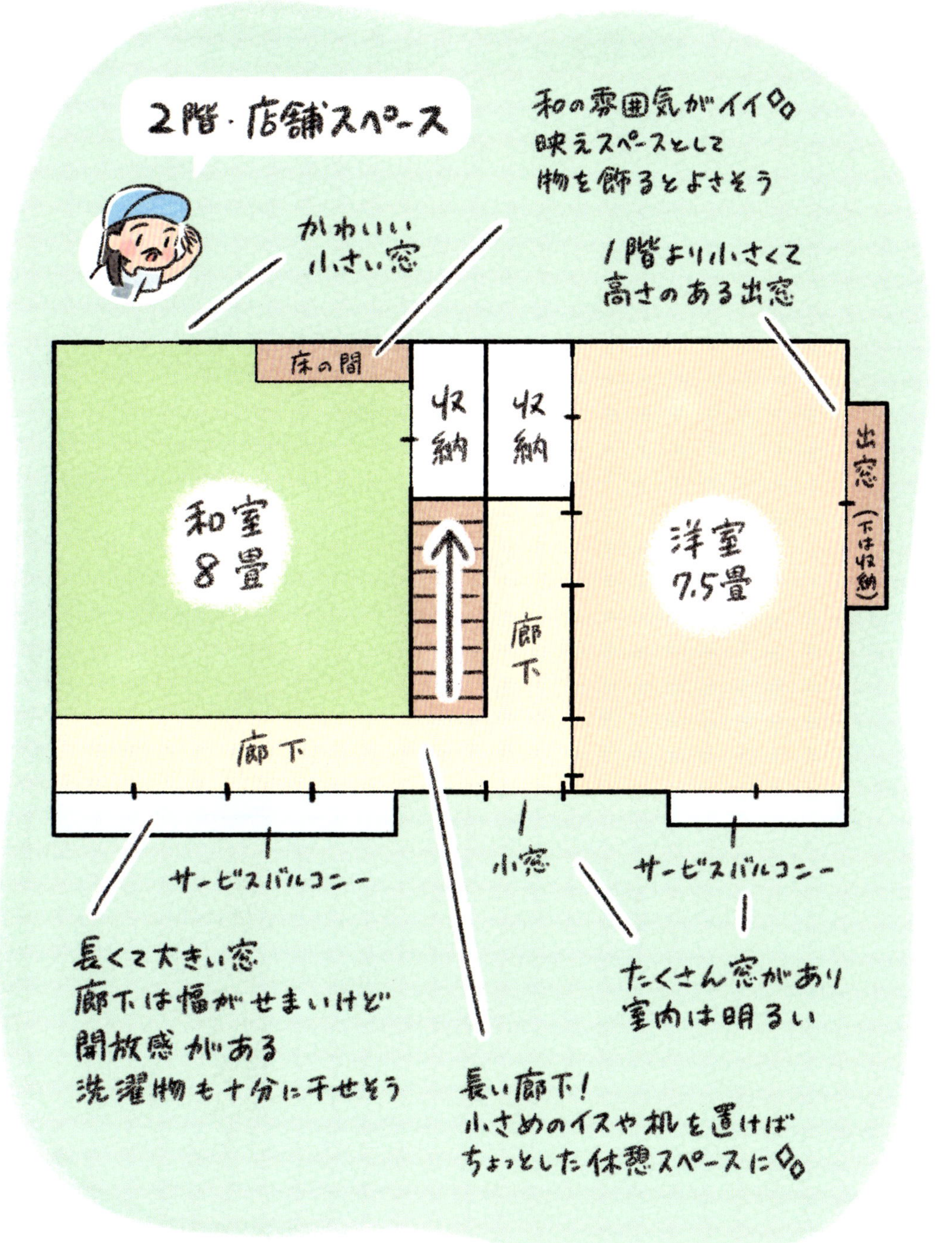

2階・店舗スペース
和の雰囲気がイイ◎
映えスペースとして
物を飾るとよさそう
かわいい
小さい窓
1階より小さくて
高さのある出窓
床の間
収納
収納
和室
8畳
洋室
7.5畳
出窓
（下は収納）
廊下
廊下
サービスバルコニー
小窓
サービスバルコニー
長くて大きい窓
廊下は幅がせまいけど
開放感がある
洗濯物も十分に干せそう
たくさん窓があり
室内は明るい
長い廊下！
小さめのイスや机を置けば
ちょっとした休憩スペースに◎

DIYで使う主な道具と材料

鉛筆

カットする印づけに。
2Bなど濃いほうが
芯がやわらかいので
消しやすいし跡が残りにくい。

はさみ

カット作業でよく使う。
100均のものでOK。

定規・メジャー

定規はカッターで
カットする時や
印をつける時に使う。
メジャーは測定用として。

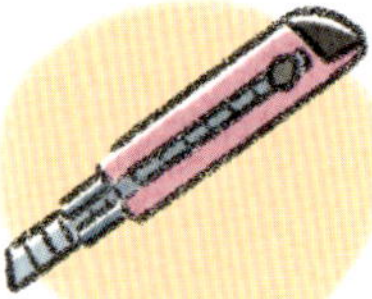

カッター

100均のものでOK。
切れ味のいいものを
使おう!

カッターマット

100均にもある。
DIYなら
大きいほど便利。

マスキングテープ

仮留めや保護に使う。
セロハンテープでもいいが、
貼り直しができる
マスキングテープがオススメ。

ハケ・筆

塗料を塗る時に使う。
大きいのと小さいの
両方あると便利。

金づち

小さいピンを打つ時に
使うので、
小さめのものでOK。
100均にもある。

軍手

木のささくれや
塗料から手を守る
DIYの必需品!

サンドペーパー

木材をキレイに仕上げるためには必需品。
用途によって粗さを使い分けること。
100均にもあるが、サイズや枚数が
少なめなので、DIYをする場所によっては
ネットやホームセンターのほうがお得！

木工用接着剤

100均のものでOK。
用途によっては水：接着剤を
1：1で混ぜて使う。

石膏ボードピン

賃貸でもOKのピン。
針の本数は1〜4本と幅広くある。
耐荷重も幅広い。
100均にもある。

S字フック

100均にもあるが、ネットだと
アイアン製や金色のものなど
いろいろな種類がある。
サイズも豊富。

突っ張り棒

100均にもあるが、
耐荷重を気にする場合
ネットかホームセンターがおすすめ。

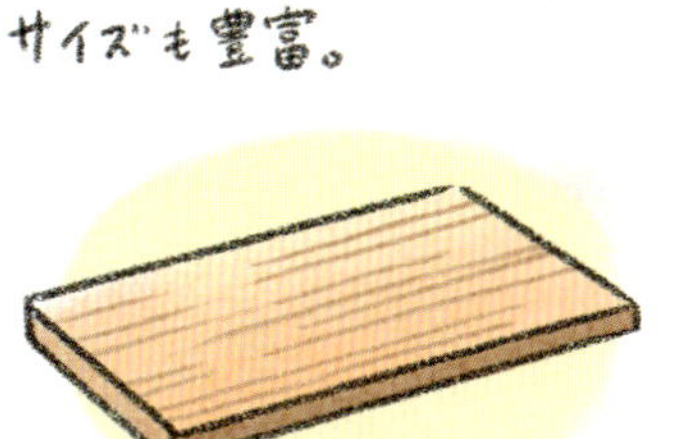

木の板

ホームセンターでは木の種類や
サイズが幅広くあり、
カットサービスもある。
小さめの場所のDIYなら
100均の板やすのこでも十分。

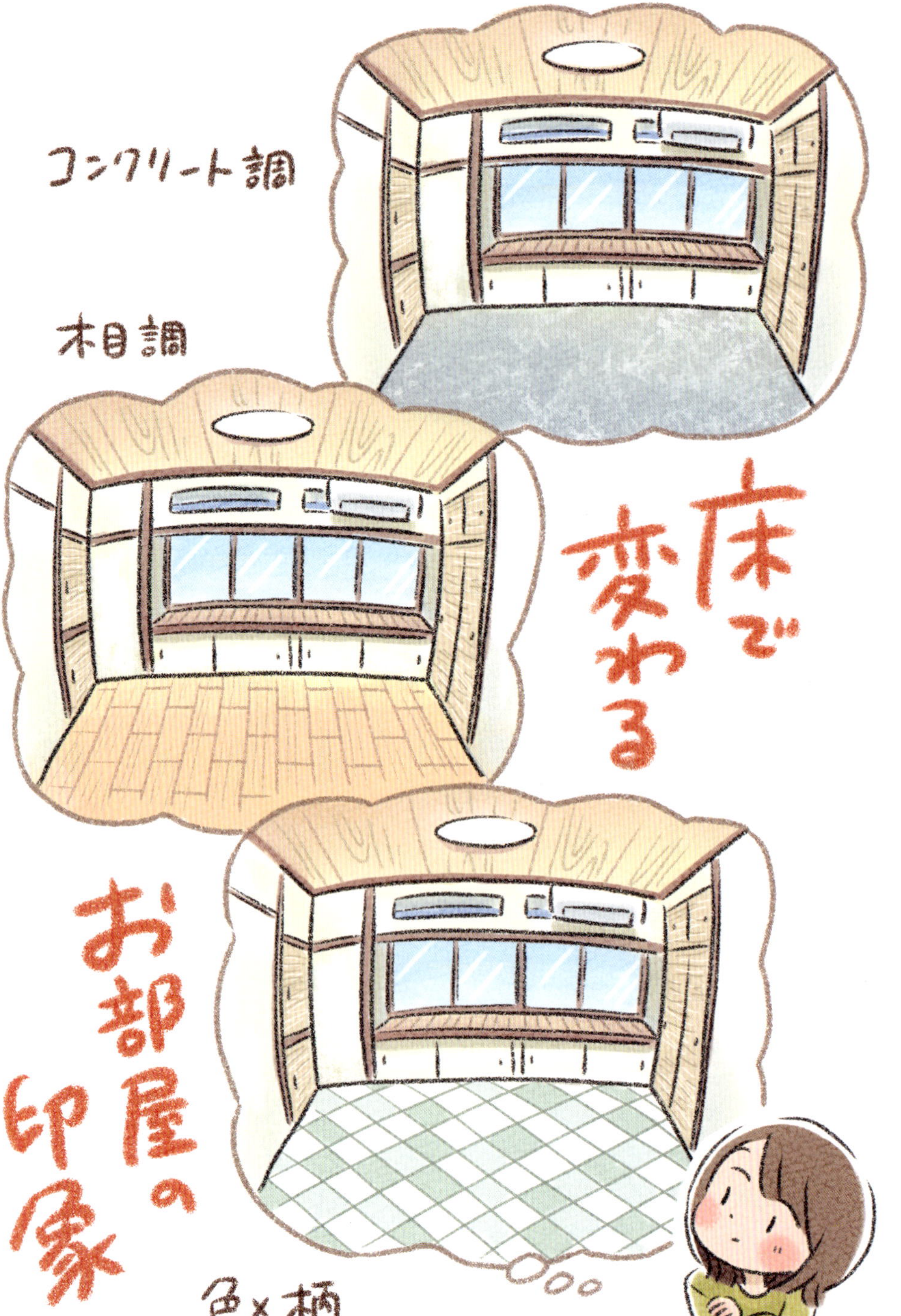
床で変わる
お部屋の印象
コンクリート調
木目調
色×柄

1　床に畳を敷いてみた

まずはものをいろいろ置き始める前に床を変えよう
この家、すでにクッションフロアが張ってあるから床にクッション性は少しあるけど、
しばらく座ってるとやっぱり痛い…
クッションフロアのフローリングプリントにも光沢があって冷たく感じる…
カーペットを敷いても床全体は覆えないし
どこに座っても痛くならなくて、温かみがあって
なんなら寝転べるようにしたい…
となると、やっぱり畳かな!
インターネットで検索!
畳
一言で畳といっても正方形のマットやござ、折りたたみ式、畳座など、いろいろある

いろいろな畳のメリット・デメリット

フローリングに敷けるお手軽な畳を比べてみよう！

	置き畳	折りたたみ式置き畳	い草ラグ（ござ）

特徴	・正方形が一般的 ・サイズや色が豊富	・長方形の折りたたみ畳 ・四つ折りが多いが二〜三つ折り、五つ折りのものもある	・薄い ・サイズとデザインが豊富
1枚のおおよその値段	￥2,000〜	￥4.000〜	￥1.100〜
メリット	・きれいに敷ける ・オシャレ ・自分でカットできるものもある	・1枚が大きめなので敷きやすい、掃除がしやすい ・折りたたんで収納できる	・敷く、掃除する、干す作業が手軽にできる ・安い、収納しやすい
デメリット	・掃除する時や干す時に一枚一枚はがすのが大変 ・広い面積に敷くには価格が高め	・折りたたみ式なので敷く幅の調整がしにくい	・薄いのでクッション性はない ・ずれやすい

掃除のしやすさ、敷き詰めの手軽さ、総合的に折りたたみ式がよさそう！
1枚がちょうど1畳サイズのものなら計算もしやすいし！
これに決定〜！
ここは8畳だから8枚分ポチリ！

しかし後日、この安直な考えの失敗に気づく…

数日後
折りたたみ式
置き畳（1畳サイズ）
8枚が届いた！
ベリ
ベリ
ん～
い草の
いい香り
ジャーン!!
早速
掃除機をかけて
置いてみたけれど
あれ…
畳のサイズが
それぞれ微妙に
違っていて、
合わせると
少しすき間が…
それに床が
埋まっていない…
ガーン…
確認したら
「約1畳」って
書いてあって
本来の1畳より
小さめだった…
やっちまった…

でも、やっぱり畳っていいな〜!
気持ちいいから別にいいや〜
ゴロン
ガチャ
あれ?
ガンッ
開かんよ
え!!
しまったー! ドアを開ける時のスペースを考えてなかったー!!
またしてもやっちまったー
ココ
他の扉はちゃんと開くかな…
いったんたたんだ
うわ! ここの扉も畳に当たって開かない!
ガーン
押し入れ
ガンッ

畳の置き方を変えて再調整
すき間
畳8枚を使うなら
②を折りたたまないといけない
そうなると
段差ができてしまう
すき間もヘンテコ…
カットOKと
記載されている置き畳で
追加DIYを計画！
ドア開閉スペース（床）
カットした置き畳を敷く
折りたたみ式
置き畳を1枚減らし、
厚みが同じ
カットできる置き畳を
追加購入して
カットした置き畳を
すき間に敷き詰めよう

床のすき間を埋めるために追加購入したカットできる置き畳のDIY!

Point!
折りたたみ式と置き畳を合わせて使う場合は**厚みをそろえること!**

私が購入したのはどちらも厚み13mmのもの!

必要なものリスト

- □ カットできる置き畳 □ 計算用に紙とペン
- □ 畳に印をつけるための鉛筆と定規
- □ メジャー □ カッター □ カッターマット
- □ ささくれ防止のための接着剤・器・筆
- □ 水と混ぜた接着剤を乾燥させないためのラップ

＼折りたたみ式置き畳のみなら②で敷くまでをすればOK!／

DIYで畳をカットする方法

①部屋の広さを正確に端から端まで測る

・畳の厚みを考慮し、扉の開閉を妨げないよう開閉スペースは畳を敷かないようにする

(例)

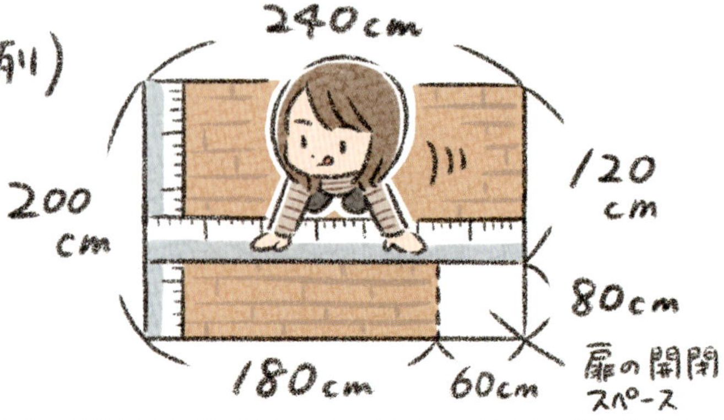

240cm
200cm
120cm
80cm
180cm
60cm
扉の開閉スペース

②畳が何枚必要か計算する

- 畳が何枚置けるかを紙に書き出す
- 畳を置いた時にできるすき間を計算する
- そのすき間を埋めるカット用の畳が何枚必要か計算する

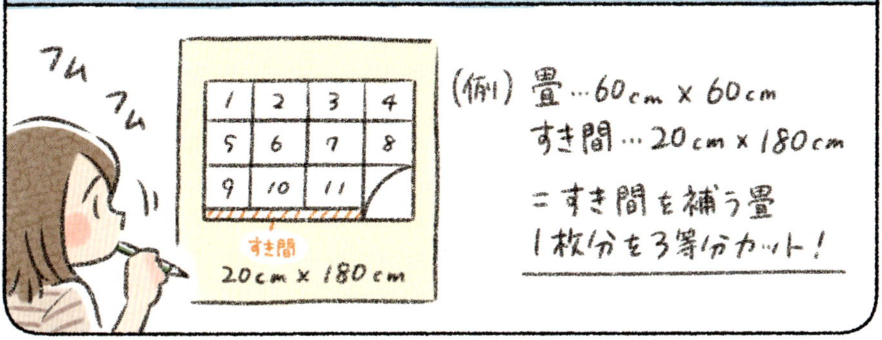

③畳を仮置きして再びすき間を測る

- ②で計算したすき間の幅が正しいか、
  1～11の畳を仮置きしてから実際に測る

※畳や部屋に歪《ゆが》みがあるので畳1枚に対し、すき間の左右2カ所を測る

④切る前の下準備をする

- 畳に、鉛筆でカットする部分に印をつける
- 水と接着剤を1：1で混ぜ、印の上から筆で塗っていく
（こうすることで、カットした時にささくれるのを防止できる）

ポイント
ボンドと水を混ぜた液体はラップをかけておくとかたまりにくく、使いやすい
※筆はすぐ洗わないと毛先が固まってしまうので注意！

⑤カットする

- 接着剤が乾いたらカットする
- カッターは床と垂直になるように立てて切る。カッターを傾けると中のスポンジが斜めに切れてしまい、はめ込む時に合わなくなるので注意

カッターの刃は少し長めに出すとカットしやすい！
※長すぎると折れるので注意
思ってるより力を入れずにカットできる

⑥切り口に接着剤を塗る

・層になっている部分がささくれになったりほつれたりしないよう、④の接着剤を塗る

⑦敷き詰める

・接着剤が乾いたら、カットした置き畳から先に敷き、最後にカットしてない畳をはめ込む

※カットした畳を最後にはめ込むと断面がほつれる可能性がある

完成

はぁ〜心地いいしぬくもりがあって最高〜!
快適快適♪
気持ちいいね

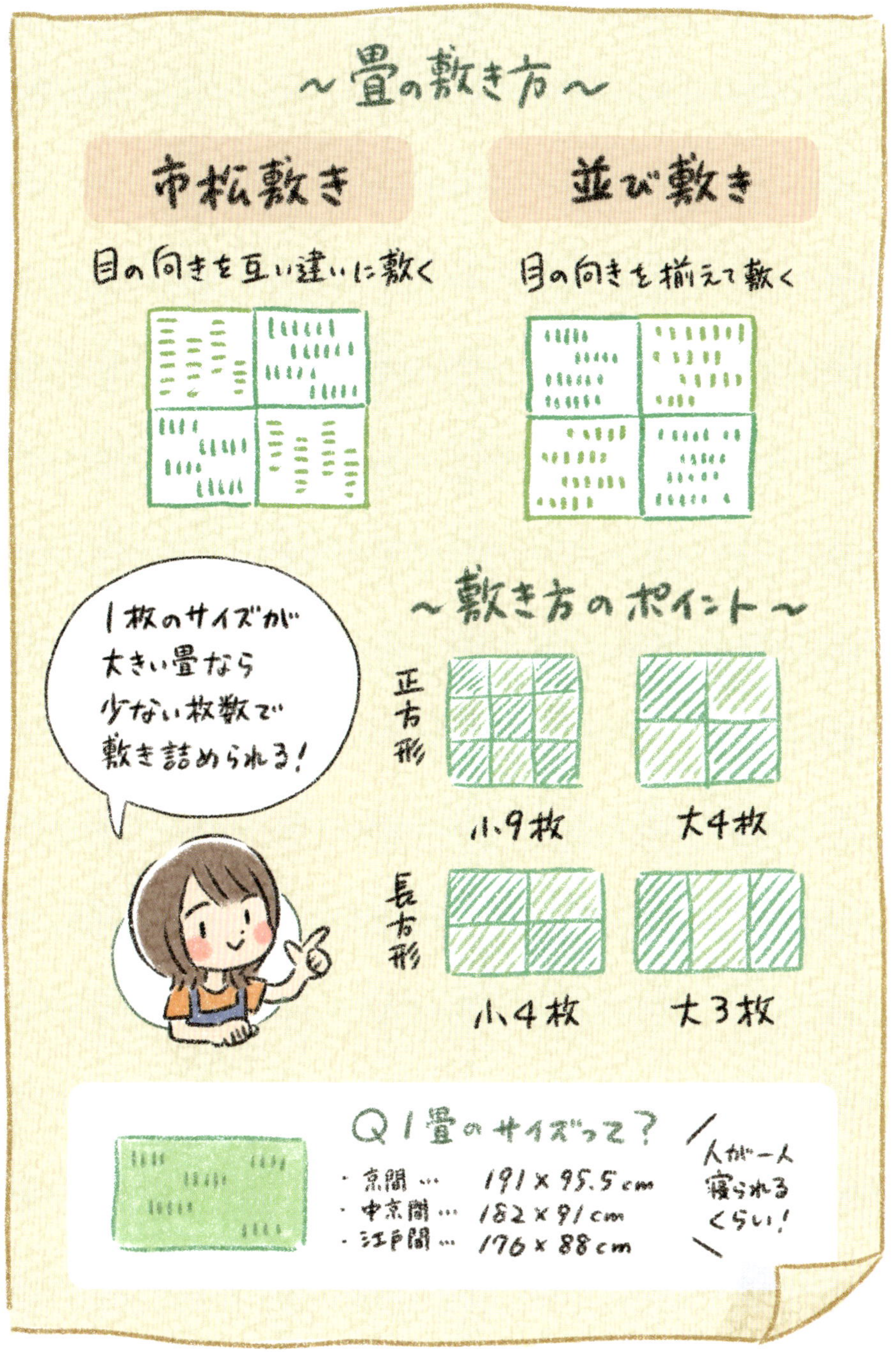
～畳の敷き方～
市松敷き
目の向きを互い違いに敷く
並び敷き
目の向きを揃えて敷く
～敷き方のポイント～
1枚のサイズが大きい畳なら少ない枚数で敷き詰められる！
正方形
小9枚
大4枚
長方形
小4枚
大3枚
Q 1畳のサイズって？
・京間… 191×95.5cm
・中京間… 182×91cm
・江戸間… 176×88cm
人が一人寝られるくらい！

2　自作カーテンを取りつけてみた

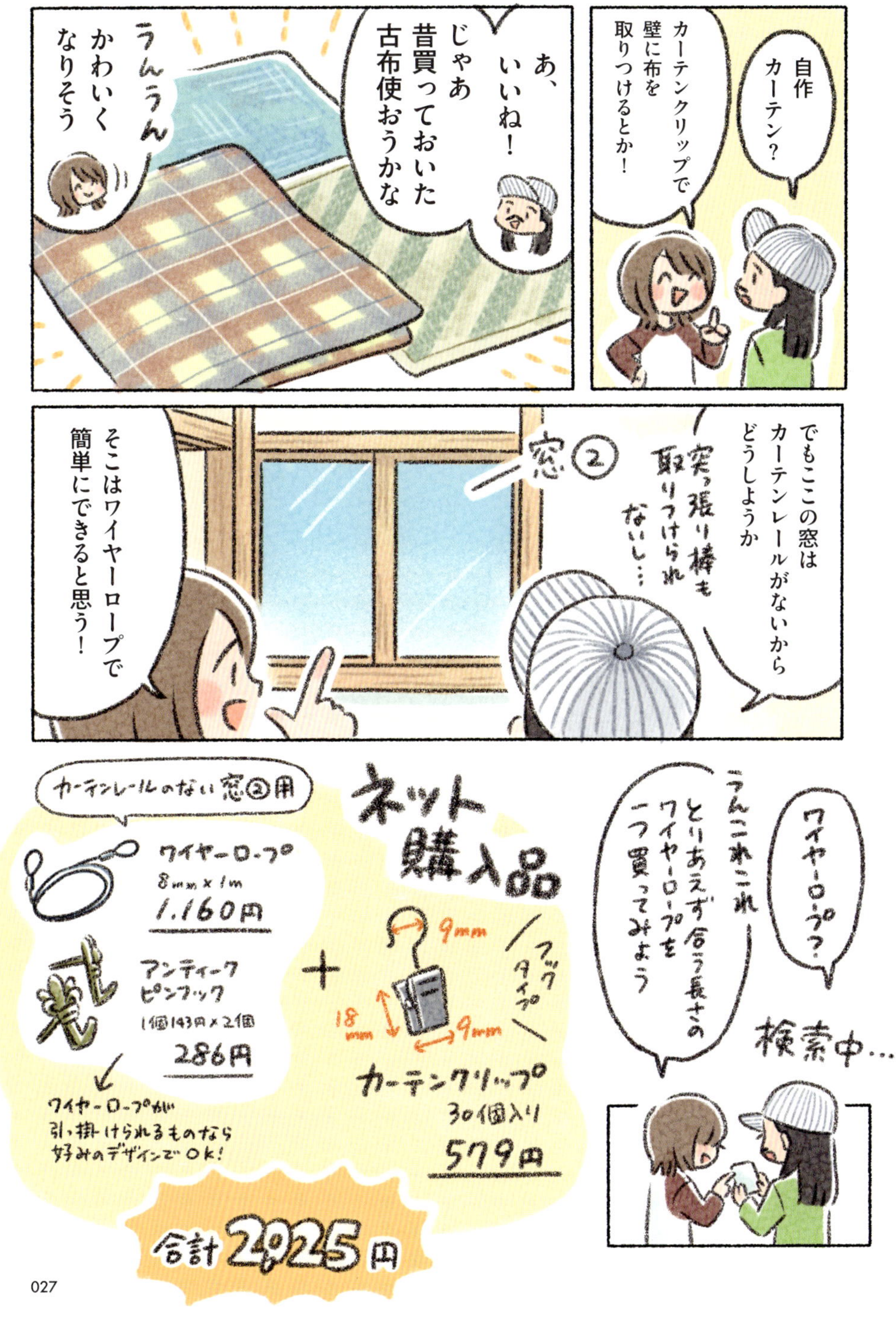

自作カーテン？
カーテンクリップで壁に布を取りつけるとか！
あ、いいね！じゃあ昔買っておいた古布使おうかな
うんうんかわいくなりそう
でもここの窓はカーテンレールがないからどうしようか
突っ張り棒も取りつけられないし…
窓②
そこはワイヤーロープで簡単にできると思う！
ワイヤーロープ？
うんこれこれ
とりあえず合う長さのワイヤーロープを一つ買ってみよう
検索中…
ネット購入品
カーテンレールのない窓②用
ワイヤーロープ
8mm×1m
1,160円
アンティークピンフック
1個143円×2個
286円
ワイヤーロープが引っ掛けられるものなら好みのデザインでOK！
＋
フックタイプ
9mm
18mm
9mm
カーテンクリップ
30個入り
579円
合計2,025円

後日
ドサッ
道具が届いた！
カーテンレールあり
バージョンと
なしバージョン！
超
自作カーテンDIY！
かんたん
必要なものリスト
□カーテン用の布
□カーテンクリップ
□ピンフック □ワイヤーロープ
□透明なコップ
窓①③ カーテンレールありの場合
①カーテンランナーに
カーテンクリップを
引っ掛ける
両端にすき間なく
取りつけるためのポイント
カーテンレールの
キャップストップに
リングがない場合
カーテンレールの
キャップストップに
リングがある場合
カーテンランナーに
フックを通して端にやり、
結束バンドやワイヤーを
手前に巻いて固定。
ストッパーにする。
そのままリングに
フックを通すだけ！
フック部分が
大きいものは
直でレールに
引っ掛けるほうが
布とレールのすき間が
短くなる

②クリップで布をはさんで取りつける

はさむ数が多いほど
たるみなく
取りつけられる！
※布が厚めの場合は
重みでたるみが強く出るので
多めにクリップを取りつけよう

続いて窓② カーテンレールなしの場合

①ワイヤーロープをピンと張り、壁に取りつける

取りつけたい窓の上部の
壁もしくは木枠に
ピンフックを取りつける

OK！

・取りつけたピンフックの
片方にワイヤーロープの
輪っか部分を通し、
ピンと張るように伸ばす

・水平を確認するために
透明なコップに水を入れ
ワイヤーロープと水面が
平行になったらＯＫ

グイ
ピン！

たるみのないよう
ピンと張り、
ワイヤーロープの輪っか
部分をもう片方の
ピンフックに引っ掛けて
固定する

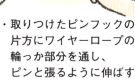

②カーテンクリップのフックをワイヤーロープに引っ掛け、
布をはさんで取りつける
ココ
一番端は
ワイヤーロープの輪っかに
カーテンクリップのフックを通して
掛けるとすき間が減る
たったこれだけで
あっという間に完成〜
布だとデザイン
豊富だから
自分好みに
しやすい！

窓②
カーテンクリップがフック型だとワイヤーロープの輪っか部分に引っ掛けて固定したり、はずしてカーテンをすぐ開けられたりして便利だね
カーテンを開ける時
固定する時
シャッ
でしょ!
ちなみに…DIY!
出窓でカーテンレールがない場合の簡単自作カーテンもやってみよう!
HOW?

用意するものは突っ張り棒とリングタイプのカーテンクリップ

カーテンの開閉を頻繁にする場合は強力突っ張り棒だと安心！

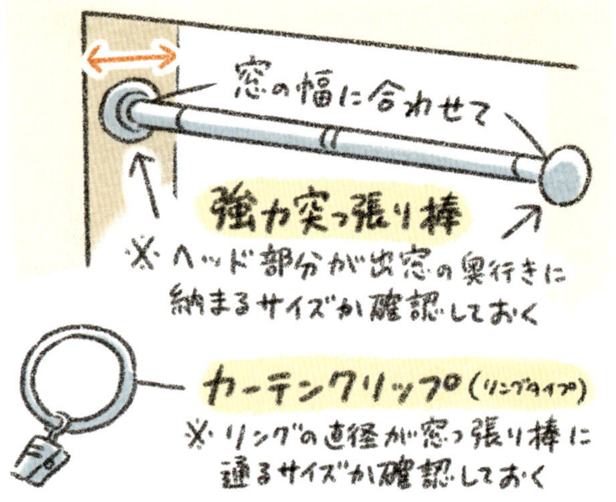
窓の幅に合わせて
強力突っ張り棒
※ヘッド部分が出窓の奥行きに納まるサイズか確認しておく
カーテンクリップ（リングタイプ）
※リングの直径が突っ張り棒に通るサイズか確認しておく

たったの3STEP!
取りつけ方はカンタン！

①突っ張り棒にカーテンクリップを通す

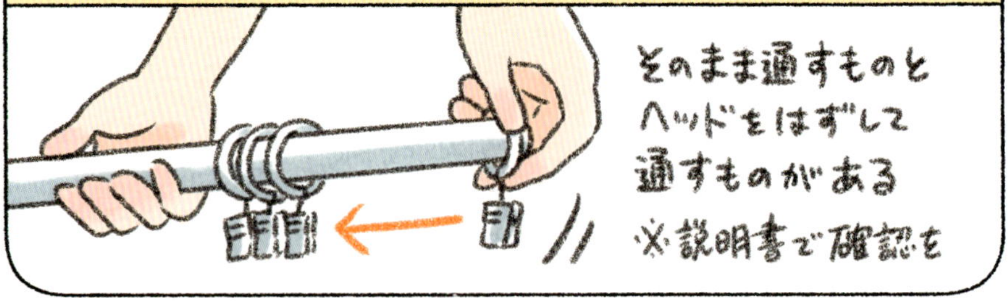
そのまま通すものとヘッドをはずして通すものがある
※説明書で確認を

②取りつけ場所の幅より突っ張り棒を2、3cm長くして水平になるように調整しながら取りつけていく

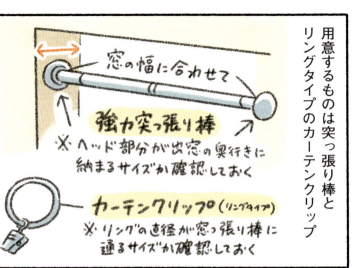

③カーテンクリップで布をはさんで取りつけ、完了！

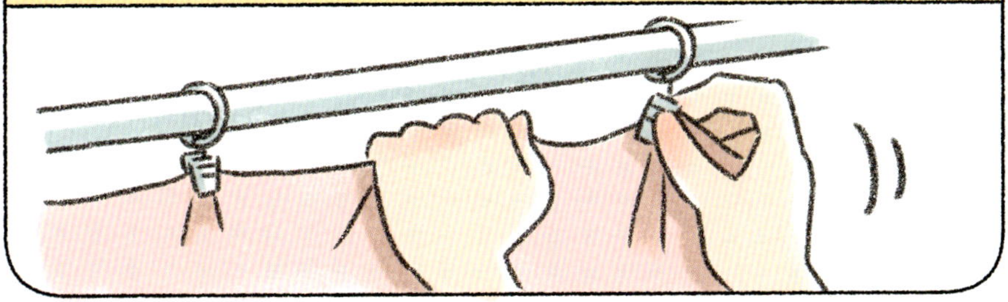

カーテンタッセル
刺繍
レース
半透明
柄
ビーズ
麻紐
カーテンをまとめて
リボンで結ぶだけ！
リボンの大きさによっても印象が変わる！
カーテンタッセルは
カーテンやお部屋の
テイストに合わせて
素材を選ぶと
とってもかわいい！
カーテンタッセルの
リボンや紐の収納用に
突っ張り棒の端に
S字フックを
下げておけば便利

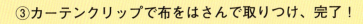

自作カーテン
取りつけ場所 アイディア

棚や収納の目隠し

ごちゃごちゃ感を減らすため
棚や収納の手前側に
カーテンを取りつけて
スッキリ&かわいく見せる
細長いスペースや短丈は
かわいさが増す♪

部屋の仕切り
脱衣所の目隠し

キッチンと部屋が
つながっている場合は
においが流れないように
してくれる効果も!
脱衣所がない場合や
目隠ししたい場所に
取りつけると
プライバシーが守れる!

遮光カーテンの等級の違いって?

なんと等級は0.01%の単位で区別されている!

数字だけで見るとほぼ違いはなさそうだけど、遮光率が少し違うだけで部屋の明るさは大きく変わる…!

等級	イメージ	遮光率	◎メリット　△デメリット
非遮光	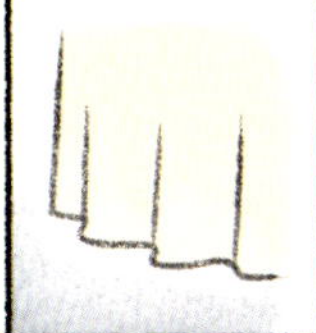	~99.39% 素材や色によって変わる	◎外の光を取り入れられる、種類が豊富 △夜には部屋が外から透けて見えるものもある 紫外線や外気温による影響あり
3級	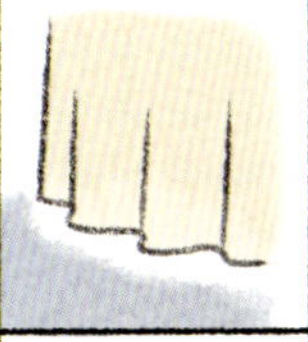	99.40%~ 人の顔・表情はわかるが、事務作業には暗い	◎非遮光よりは遮光できるので、明るい部屋にしたい場合や朝日を浴びて目を覚ましたい人向き △朝ゆっくり眠りたい時には明るすぎることも
2級		99.80%~ 人の顔、表情が識別できる	◎遮光カーテンの中で最も人気がある 紫外線や外からの視線をブロックできる △朝日や西日などの強い光は通してしまう
1級		99.99%~ 人の顔が識別できない	◎朝もゆっくり眠れるくらいの遮光性 冷暖房が効きやすい △朝でも暗い、生地が厚め、デザインが少ない
完全遮光		100% ほぼ完全に光を遮断できる	◎遮光性・防音効果、遮熱効果に優れている △生地がごわつく、日中でも電気が必要な暗さ デザインが少なく、暗い雰囲気になりがち

ポイント 同じ等級でも色が濃いほど遮光率は高くなる!

参考資料:「びっくりカーテン」のホームページ(https://www.bicklycurtain.com/)

Open
My
Garden
THIS WAY
森崎
Let's
DIY
CLOSE
Post

3　表札を作ってみた

雨でフニャフニャになってる…
前住んでいた人の石製表札の上から紙を貼りつけただけのうちの仮表札
森崎
ペリッ
今から新しくしてあげよう
ガチャ
ただいまー
渋谷は人多かったー
おかえり〜
表札によさそうな板あった?
東急ハンズでいいのあったよ!
すでに装飾されてる飾り台っていうのを使ってみる!
購入品
ニッペ住宅用防水スプレー 300ml 透明
1,780円
防水スプレー
木の板でもOK!
ミナ材 飾り台
10×100×200mm
440円
おお
合計2,220円

＼お店の／
看板としても応用できる お手軽 表札DIY！

必要なものリスト

- □ 表札（看板）用の板
- □ 紙 □ アクリル絵の具・筆
- □ 使いたいフォントやワードの見本
- □ はさみ □ マスキングテープ □ 鉛筆
- □ トレーシングペーパー
- □ 屋外用にするなら防水・防カビスプレー
- □ 超強力粘着テープ

①板を着色する

・乾くと耐水性になるアクリル絵の具を水で薄めて塗る

※着色をしない場合、この工程はなしでOK

水：絵の具＝2：1
くらいが目安！
サラサラしすぎない
なめらかさが
あればOK♪
汚れ防止に
下に紙を敷く

アクリル絵の具の注意点

2色以上混ぜる場合、同じ色を再現するのが難しいので、途中で足りなくならないように多めに作っておこう！

多めに混ぜる
1色なら何度でも追加可

CHECK

②使いたい文字を印刷する

※コピー機が家にない場合は近くのコンビニでやろう！

文字は板に合わせて拡大コピーしよう！

③トレーシングペーパーに書き写す

②で印刷した紙の上に
トレーシングペーパーをのせ、
ずれないように
マスキングテープで
2カ所ほど固定し、
鉛筆で文字をなぞる

※トレーシングペーパーは絵や図などを描きうつす（トレース）ための紙で、半透明で薄い。100均や文具店で購入可能

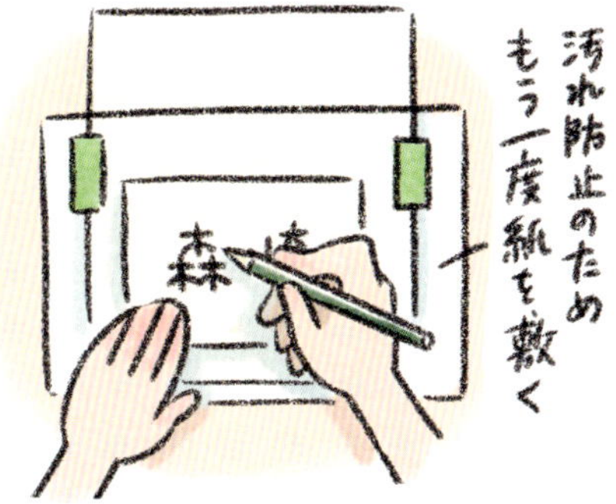

・なぞり終えたら
印刷した紙ははずす

・トレーシングペーパーを
裏返し、
先ほどなぞった文字を
もう一度なぞる

④トレーシングペーパーを板に被せ、転写する

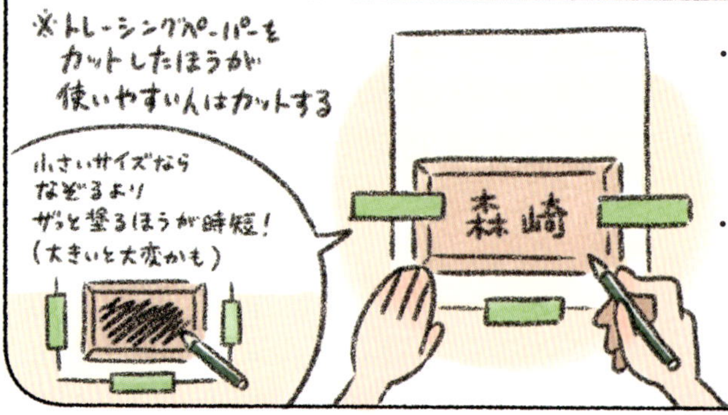

・トレーシングペーパーを表に戻し、板の上に被せる
・マスキングテープでずれないように固定し上から再度なぞる

⑤アクリル絵の具で上からなぞる

トレーシングペーパーをはずし、
板に転写された文字を
上からアクリル絵の具で清書する

⑥防水・防カビスプレーをかける

⑤が乾いたら、
仕上げにスプレーをかける

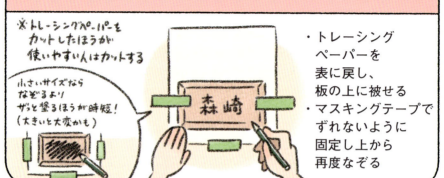

大家さんから
古い表札の上に
新しいものを貼りつける
許可をいただいていて
裏
雨でも
はがれないように
たくさん貼った
超強力粘着テープで
がっちり貼りつけた
しっかり
貼りつけよおおお!!
ぐぐぐ…
手作りならではの
ぬくもりを感じられる
表札になった！
森崎
イイネ！
ちなみに
応用として
Garden
ガーデンプレート
Welcome
ウェルカムボード
などにも
使えるDIY
でした♪

4　照明をつけ替えてみた

今ついているライトはシンプルなシーリングと蛍光灯…
明るさはいいけどね…
どっちも無機質で落ち着かない
大家さんに許可を取り電気屋さんに蛍光灯をシーリングに変更してもらった
OK
大家さん
シーリング
これで天井の電気二つともおしゃれなシーリングライトに!
うちで購入したのはカフェ風の4灯シーリングライト
電球1つ60wまで
角度を変えられるし、点灯パターンが4種類あり便利なのがGood
お部屋が和になりすぎないようにシンプルで洋風なライトをチョイス
定価約9,000円のところを、フリマサイトの新品未使用送料無料7,000円でゲット!
＼2個購入し、／
合計14,000円

照明の選び方のポイント

色味で選ぶ

K（ケルビン）で確認

暖

- 電球色（2600k〜）
- 温白色（3250k〜）
- 白色（3800k〜）
- 昼白色（4600k〜）
- 昼光色（5700k〜）

寒

明るさで選ぶ

lm（ルーメン）もしくは
W（ワット）で確認

明

- 100W相当＝1520lm以上
- 60W〃＝810lm以上
- 40W〃＝485lm以上
- 30W〃＝325lm以上
- 20W〃＝170lm以上

暗

lm(ルーメン)とは

LEDの普及により消費電力を表す
ワット(W)数と明るさが比例しなく
なったため作られた単位

つまりLEDの明るさを表す!

自然光に近い色味を選ぶ

ものの色の見え方が
どれだけ自然光に近いかを表す
演色性の単位Ｒａ（アールエー）で確認

（※数値が高いほど自然光に近い。
色の再現性を求める人は特にチェックして）

高

- 90Ra以上…美術館や高級住宅などで使われる
- 89〜80Ra…一般の住宅、ホテル、レストラン、学校などの日常生活に適している
- 79〜60Ra…一般作業の工場などで使われる

低

参考資料：「リセノ」のホームページ（https://www.receno.com/）

形で選ぶ

お部屋の雰囲気に合う
ワードで探してデザインを選ぼう！

照明の種類で選ぶ

キーワードがあると
検索する時に絞りやすい！

調光・調色機能で選ぶ

調光・調色機能のある照明は
シーン別に切り替えたり
生活リズムに合わせることが
できるので便利！

照明を替えただけでこんなに印象が変わった！
温かみが出たし、一気に洗練された雰囲気に♪

5　柵に板を取りつけてみた

そうと決まったら早速サイズを測る！
テキ
幅 720cm 高さ 60cm
っと
パキ
サイズをメモして近くのホームセンターへ！
バスでGO!
一人じゃ持てんけん手伝って
は〜い
MES
HOMES
店員さんに相談し、一番費用がかからない方法を教えていただいた
ホームセンターでしてもらったコト
ベニヤ板
約180×90㎝の厚み2.5㎜
三六判（さぶろくばん）
を希望サイズに
4枚重ねてカット加工
すべての板の6カ所に
穴開け加工
（針金が数本
通せるくらいの穴）
それならこの方法がオススメです
※厚みによっては重ねての加工はできないらしいので要相談

購入品

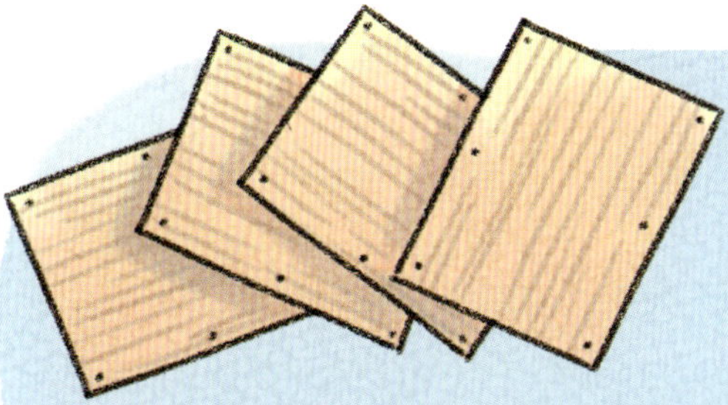

ベニヤ板
三六判　厚み2.5mm
1枚 1,180円×4枚
4,720円

加工
- ・カット料　1ヵ所　55円×2ヵ所＝110円
- ・穴開け料　1ヵ所　110円×6ヵ所＝660円

計 770円

重ねて加工可※加能な厚みやサイズは店舗によって異なる

ベニヤ板の色づけと
防カビ・防虫・防腐用の塗料

アサヒペン
水性ウッドガード
1.6L　チーク
6,281円

ベニヤ板の下地処理用
（ネット購入）

サンドペーパー
#240　直径125mm
60枚セット
1,100円

取りつけ道具（ネット購入）

アルミ製ワイヤー
3mm×10m
1,880円

仕上げに上から塗る
UVカット保護塗料

カンペハピオ
水性木部保護塗料
1.6L　とうめい
4,305円

合計

19,056円

二人でベニヤ板を
持って帰宅
（けっこう重かった）

ね！
♪
店員さんに相談できてよかった〜
いい買いものできたね

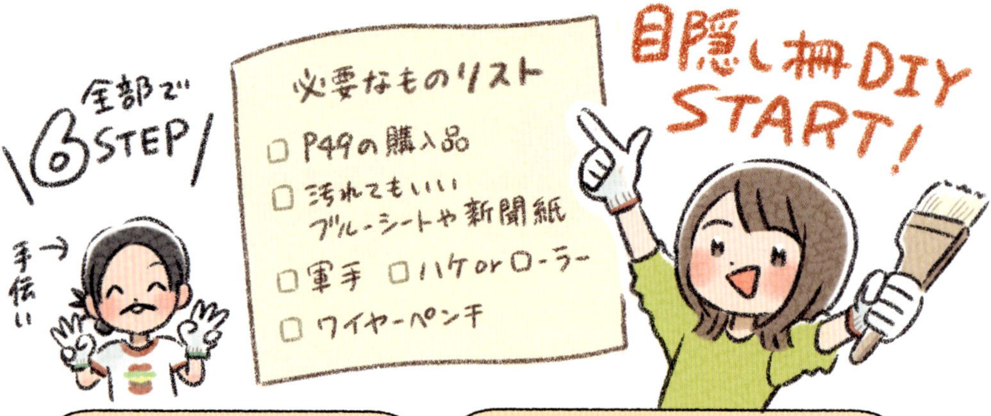

①作業場に ブルーシートを敷く

②サンドペーパーで 板の表面を磨く

③ハケで塗料をよく混ぜる

色や成分が沈殿している場合があるのでよく混ぜる

④木目にそって塗る

・研磨して出た木くずをきれいに拭き取ってから行なう
・厚く塗ると乾燥が遅くなり、ムラの原因になるので
　薄く何度も塗り重ねていく

⑤乾かしたら二度塗りし、再度乾かして保護塗料を塗る

・2～3時間置いて手につかないくらい乾いたら、二度塗りを

※乾きが遅い場合は、通気性のいい場所で乾燥させる

Q 道具の洗い方って？

A. 水性塗料は水で流せるので、ハケやローラーはすぐに水で洗い流そう！

⑥24時間乾燥させたら針金で板を柵に固定する

- 乾いた板の穴に針金を通し、柵に2、3回巻きつけ、ワイヤーペンチでしっかりと固定する
- 左右隣り合った板のそれぞれの端の穴にも2、3回巻きつけ、板同士を固定する

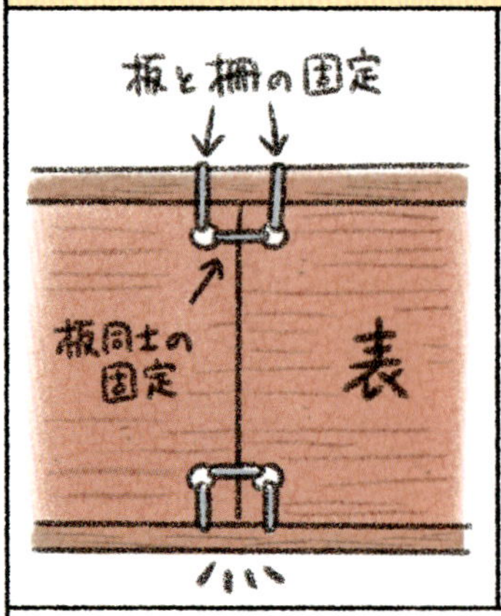

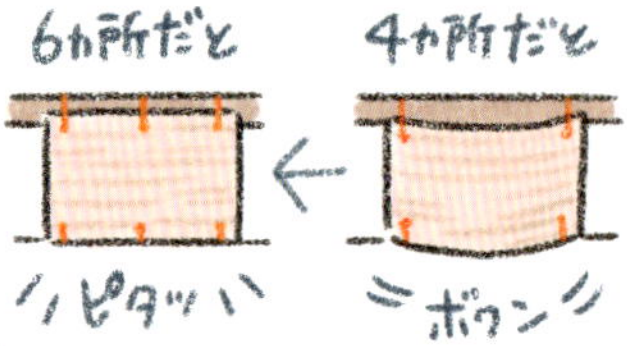

ちなみに板に穴を6か所開けたのは1枚の幅が長いので、湿気による板の湾曲を防ぐため！

わーい!
2日かけて
やっと
完成〜!
目隠しとしても
バッチリだし、
色もよくてかっこよく
なった!!
うひひ
ポスター貼ったり
季節のグッズとか
飾ったら
すごく楽しそう
好きやね
そういうの

耐久性・仕上がりのよさをUPさせたい人向け！

塗料を知ろうのコーナー

Q 下塗り塗料や保護塗料を塗るのは何のため？

仕上げ塗料によっては下塗り塗料（プライマー）の使用を推奨しているものもある

- 塗料の定着をよくするため
- 仕上がりをきれいにするため
- 耐久性を高めるため
- その後のメンテナンスをしやすくするため

素材に合った下塗り塗料や保護塗料を選ぼう！

Q 保護塗料の効果って？

長持ちさせたいなら塗っておくべし！

- 素材の劣化を防止する
  （例）紫外線による色あせ、ひび割れ
- 雨や湿気に強くなる
- 防腐・防虫・防カビ効果がある
- 美観を維持してくれる
- メンテナンスの頻度が低くなる

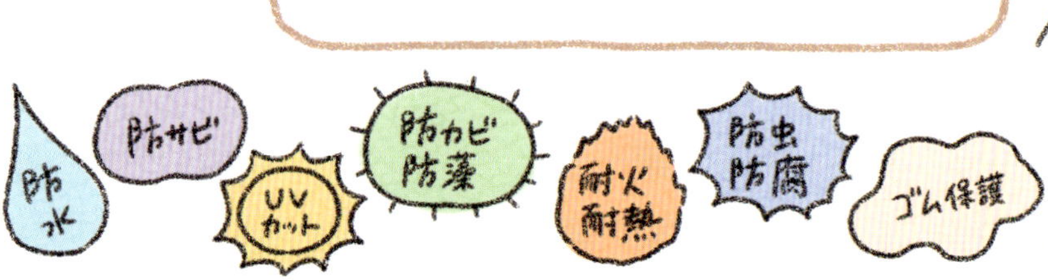

保護塗料を使う目的

大きく分けて2種類！

Q ペンキ（塗料）の種類って？

	水性塗料	油性塗料
特徴	塗料を水で薄めたもの	塗料をシンナーで薄めたもの
メリット	・臭いが気にならない ・安くて購入しやすい ・水で洗い流せるので後片づけがラク	・耐久性，耐摩耗性が高い ・ツヤが出る ・乾燥が早い ・水に強い
デメリット	・コーティングの寿命が油性と比べて短い ・素材によっては塗装できないものがある ・乾燥するまで時間がかかり，水に弱い	・臭いが強く，健康や環境に悪影響 ・値段が高め ・引火に注意が必要

塗料の選び方

① どこに使うのか…屋外，屋内，素材など
② 誰が使うのか…子どもの場合安全性など

これらを考慮して用途に合う塗料を見つけよう！

ちなみに…

水性塗料のデメリットはさらに保護塗料を塗ることでカバーできる！

ただし塗料に含まれる化学物質が人体に悪影響を与える場合があるため塗料の組み合わせに注意
説明書を確認するか，ネットで調べるもしくはお店の人に相談しよう！

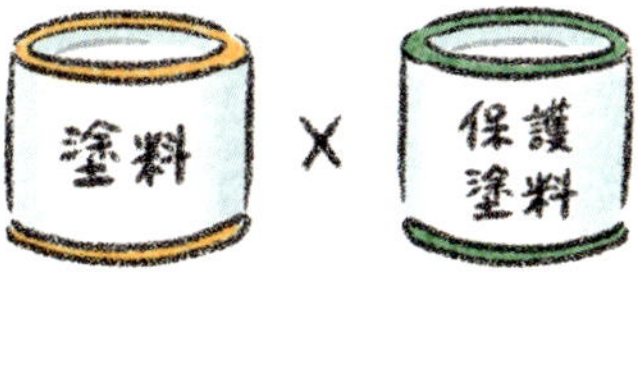

6　トイレの壁紙と床を張り替えてみた

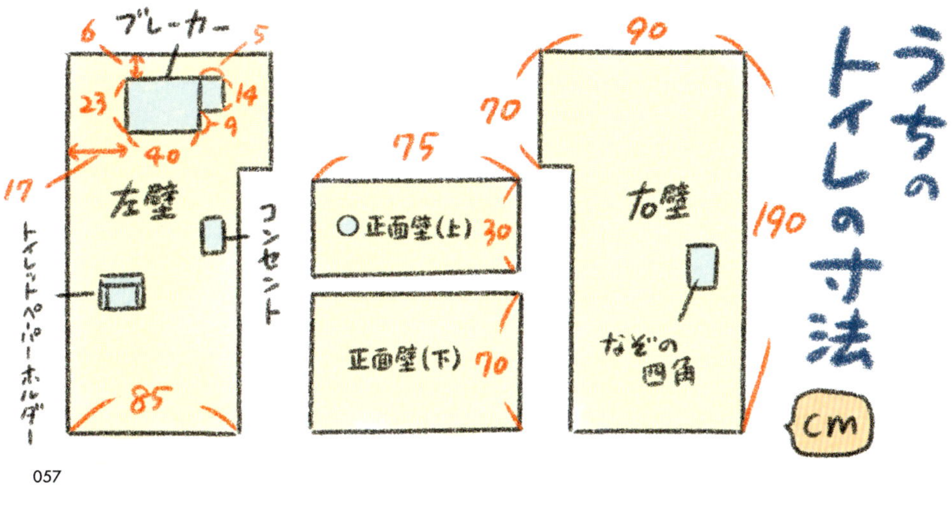

ネットチェック中
賃貸だから慎重に…
壁紙ははがした時にベタベタが残るのがこわいからはがせる壁紙っていうのを使ってみようかな…
あっこの色ステキかも
ピンクグレー
せまい場所に柄ものを張ると圧迫感が出そうだから無地がいいや
柄ものもかわいくていいんだけどね…
計算しよ

計算方法

①うちの壁は複雑な形なのでまずはシンプルな長方形に置きかえる

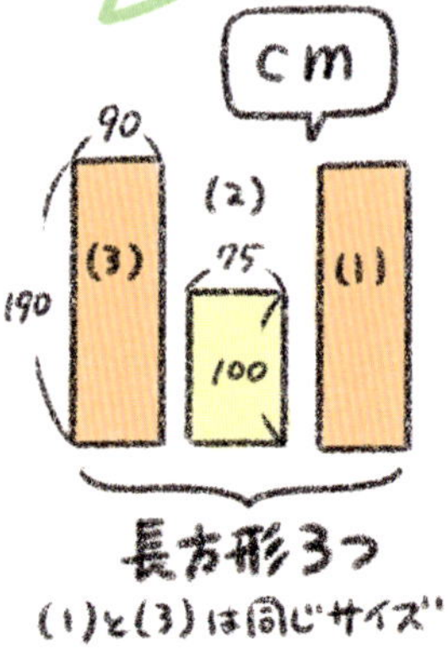
cm
90
190
(3)
(2)
75
100
(1)
長方形3つ
(1)と(3)は同じサイズ

②それぞれの面積をmに直して計算し、足す

(1)(3)の長方形

1.9m × 0.9m
(高さ)　(幅)
×2(面)＝3.42m²

(2)の長方形

1m × 0.75m
＝0.75m²

3つの壁の合計面積

3.42m² ＋ 0.75m²
＝ 4.17m²

③ドアや窓の面積を引く
うちの場合面積を引くほどのものがないため、そのまま次に行く
④壁紙の必要量をmに直し、計算する
購入したい壁紙1ロールの面積
0.65m(幅)×2.6m(長さ)=1.69m²
65cm
2.6m
必要ロール数の計算
必要ロール数=
壁の有効面積÷1ロールの面積
=
4.17m²÷1.69m²
=2.46…
結果
切り上げて3ロール必要!
⑤柄合わせやミスを考慮して、計算結果に10～20％の余裕をもたせる
4.17m² × 1.1 = 4.587m²
(壁面積) (10%) (余裕をもたせた壁面積)
必要ロール数は
4.587m² ÷ 1.69m² = 2.714…
(壁紙1ロールの面積)
切り上げて、そのまま3ロールで大丈夫!
ということで購入ボタンポチリ♪
購入品
壁紙屋本舗
ピンクグレー 65cm×2.6m
4,950円×3ロール
14,850円
スキージー
100均
110円
100均のリメイクコーナーにあります♪
ネットで買うより安い!
合計
14,960円
裏が粘着シートタイプなのでシールのように張る・はがすができる!

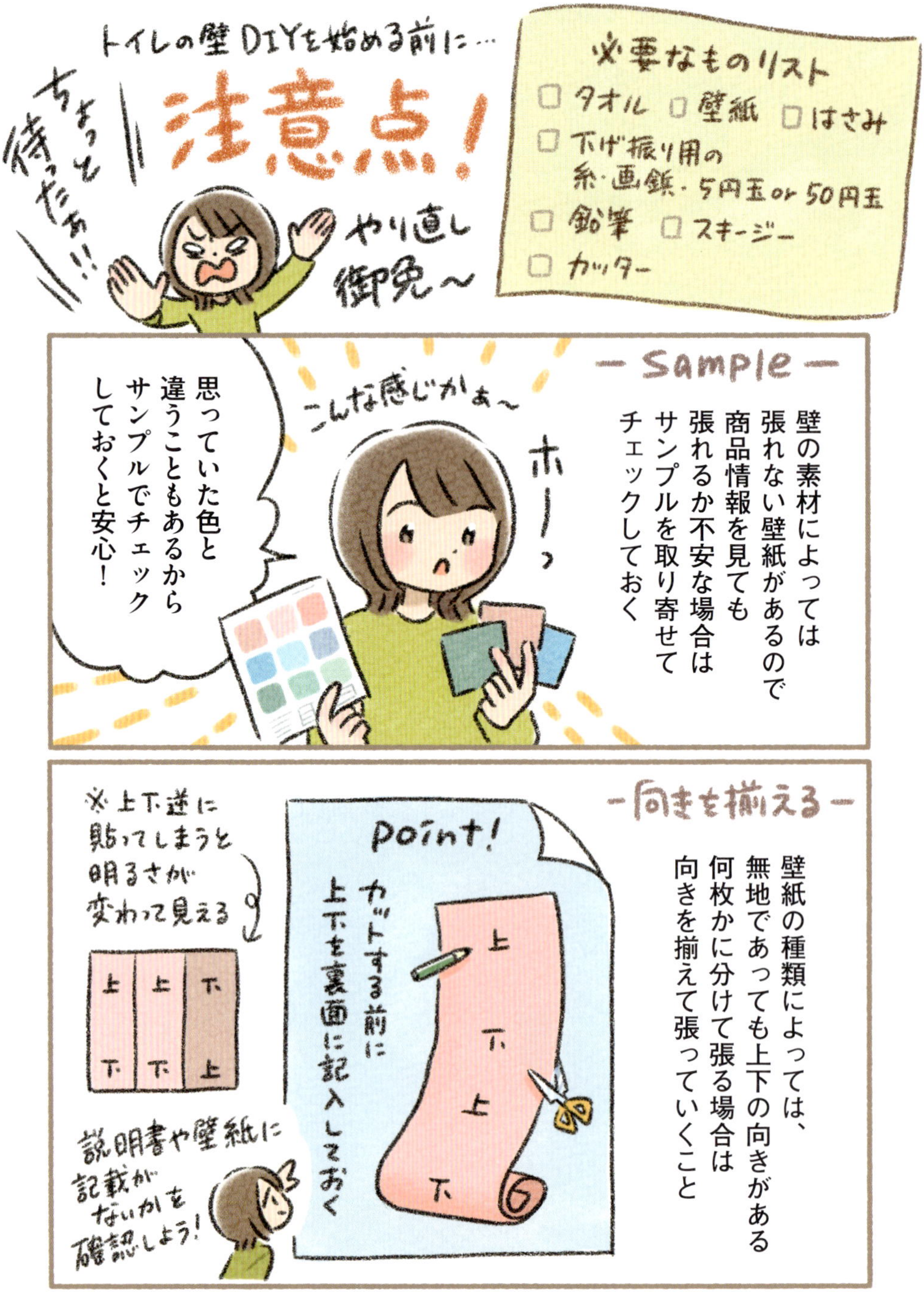

トイレの壁DIYを始める前に…
注意点!
ちょっと待っただぁ!!
やり直し御免〜
必要なものリスト
□タオル □壁紙 □はさみ
□下げ振り用の糸・画鋲・5円玉or50円玉
□鉛筆 □スキージー
□カッター
―sample―
壁の素材によっては張れない壁紙があるので商品情報を見ても張れるか不安な場合はサンプルを取り寄せてチェックしておく
こんな感じかぁ〜
ホーっ
思っていた色と違うこともあるからサンプルでチェックしておくと安心!
―向きを揃える―
壁紙の種類によっては、無地であっても上下の向きがある何枚かに分けて張る場合は向きを揃えて張っていくこと
point!
カットする前に上下を裏面に記入しておく
上
下
上
下
※上下逆に貼ってしまうと明るさが変わって見える
上 上 下
下 下 上
説明書や壁紙に記載がないかを確認しよう!

それではLet's
トイレの壁DIY!
ふき
ふき
①壁を拭く
汚れがついていると
接着が悪くなるので
乾いた雑巾で
拭く
②カットする
10cmほど余裕をもって
必要な長さにカット
鉛筆でサイズぴったりの位置に
印をつけておこう!
③「下げ振り」を使い
垂直線の印を壁につける
下げ振りとは…
画びょうに50cmほどの
糸を結び、垂らした先に
5円玉or50円玉を
おもりとして取りつける
天井近くに刺し、
おもりの揺れが安定したら
糸にそって
鉛筆で垂直線を
数カ所引く
④壁紙の裏紙をはがし
天井から張りつける
10〜20cmほど裏紙をはがし
天井に粘着面の端を
折るようにして当て、
③の印にそって垂直に張りつける
天井
1cmほど長めに
天井側に張る

⑤スキージーを使いながら張りつける

スキージーを
上から下に動かし、
空気を抜きながら
張りつけ、
同時に裏紙を
はがしていく

気持ちいいかも
スーッ
裏紙

角はしっかり
押し当てながら
折り目を
つけるように
張る

グイッ
スーッ

⑥余分な部分をカット

※障害物には傷防止のため、あらかじめ上から
マスキングテープなどを張りつけておく

コンセントなどの小さめの障害物はそのまま壁紙を
上から張りつけ、切り込みを入れて壁紙を広げ、
縁にそってカットする（最後にテープをはがす）

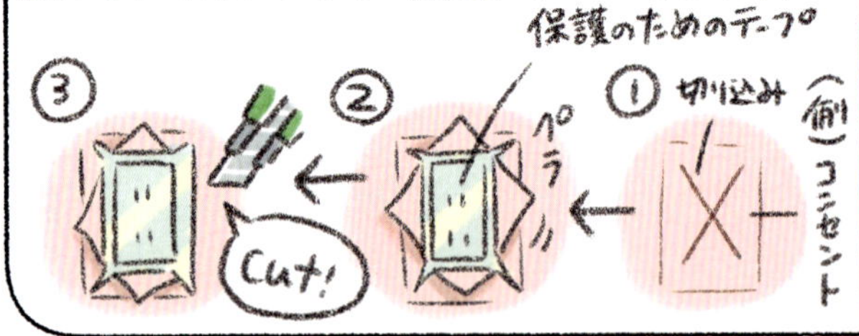
保護のためのテープ
③
②
①切り込み
(例)コンセント
ペラ
Cut!

⑤の角はスキージーを
当てながら余分な
ところをカッターで切る

スーッと

⑦2枚目以降も同様に行なう

重ね張りできるタイプは
3㎜ほど重ね、スキージーで
しっかり張りつける

グー
グー

重ね張り
できないものは
継ぎ目をピッチリ
合わせる

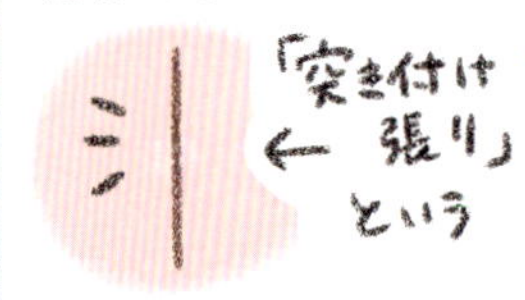
「突き付け張り」という

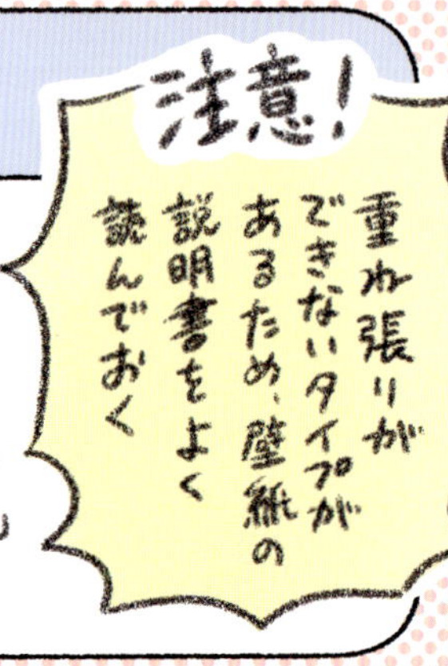
注意!
重ね張りができないタイプがあるため、壁紙の説明書をよく読んでおく

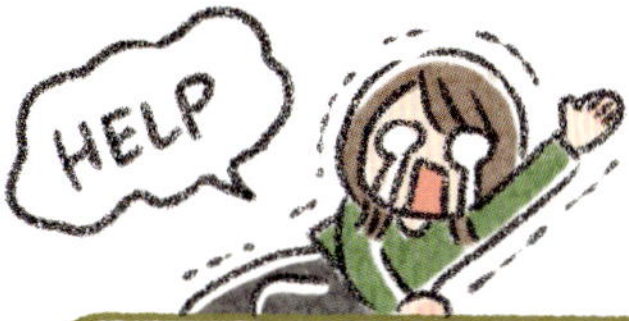

Qこんな時はどうするの？？

空気が入った…

張り終えた後に
空気が入っている部分を
発見…！

対処法

カッターやピンで
小さな切り込みを入れ、
指で押しながら
空気を抜くだけ！

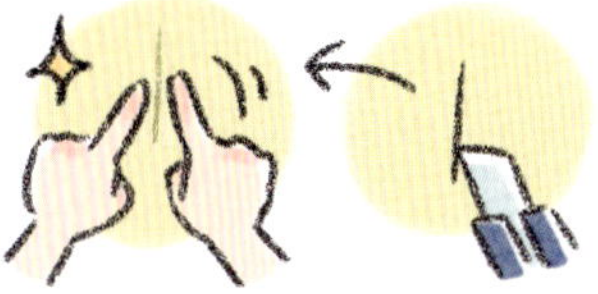

切った跡はほぼ目立たない！

柄ものの張り方って？

柄ものは2枚の柄を
合わせるために
余分な長さが
必要なので
10〜20％多めに
購入する

※作業の難易度が高く、
ロスが出やすいのを
考慮する

次へ

2枚目をカットする前に、
すでに張った1枚目の隣に
壁紙を並べ、柄を合わせる

次へ

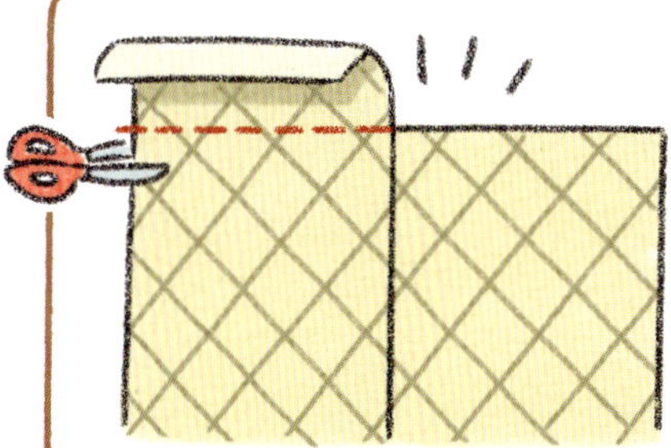

柄が合ったらカット部分に
印をつけ、カットする
その後は1枚目と同様に
張りつけて余分な部分を
カットすれば完成！

激せま！
よく言えば
床材が
少なくて済む…
アハ
うちのトイレの床の寸法
75cm
88cm
WC

トイレの床DIY！

どんどんいこう！

ちなみに
フロアシートの
形状の違い
マットタイプ
タイルタイプ
ロール状でcm・m単位売り
長方形や正方形の枚数売り
好みで選ぼう！

購入品

クッションフロア
マットタイプ
パーケットデザイン柄
1単位 91cm×91cm

うちの場合1単位の
153円
でまかなえた！

もっと広い床で考えた時の必要枚数の計算式

式
① 床とフロアシートの面積 ＝ 縦(m)×横(m)
② 必要枚数 ＝ 床の面積 ÷ フロアシートの面積

(例) 床 170cm × 80cm　フロアシート 91cm × 91cm　これをmに直して計算する

① ・床 $= 1.7\text{m} \times 0.8\text{m} = 1.36\text{m}^2$
・フロアシート $= 0.91\text{m} \times 0.91\text{m} = 0.82\ldots\text{m}^2$

② $1.36\text{m}^2 \div 0.82\text{m}^2 = 1.65\ldots$

A. 切り上げて **2枚分** 必要！

※柄を合わせたい場合はP63の「柄ものの張り方って？」と同様に10〜20％多めに購入する

必要なものリスト

- □ 新聞紙などの薄い紙
- □ フロアシート
- □ テープ
- □ はさみ
- □ 油性ペン
- □ カッター
- □ カッターマット

①床に紙を敷き詰め型紙を作る

②型紙に切り込みを入れ床からはずす

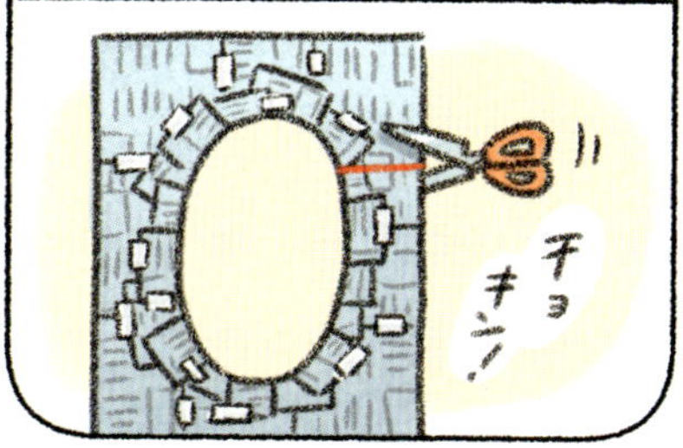

③切った部分はテープでつなぎ直す

④ペンで輪郭をなぞる

型紙の輪郭を油性ペンでなぞる

注意
両方とも裏返し

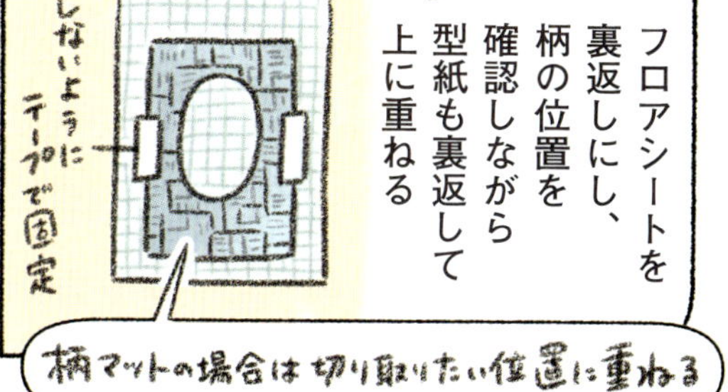

フロアシートを裏返しにし、柄の位置を確認しながら型紙も裏返して上に重ねる

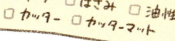

⑤マットを切る

直線部分は定規を当ててカッターで型紙を浅くなぞり、型紙をはずしてカッターマットを敷きシートを切る

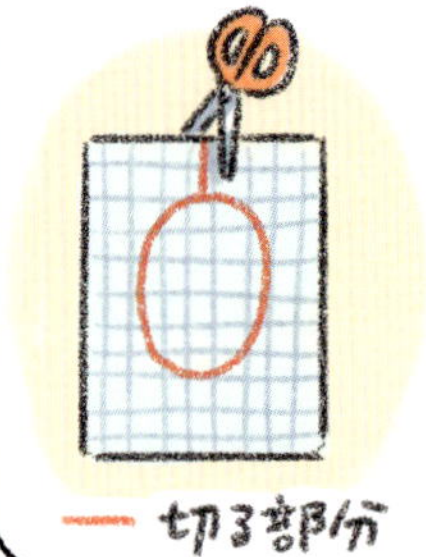
切る部分

便器の奥側の部分から切り込みを入れ、曲線部分ははさみで切る

⑥シートを敷く

⑤の切り込みから便器に通し、そのまま床に敷く
端や溝はしっかり押してはめ込む
グッ
しっかり敷けば切り込みは目立たないし、見えない

そして最後にテイストに合わせて小物を飾ると…
よし！
トイレDIYの完成〜っ！

トイレのタンクには
100均の木の板を
のせただけ！
奇跡のジャストサイズ
木が加わると
トイレの冷たい
印象が軽減！

突っ張り棒で吊るした
簡易カーテンは
少し手前につけていて
窓枠部分に
トイレットペーパーなど
を置いた

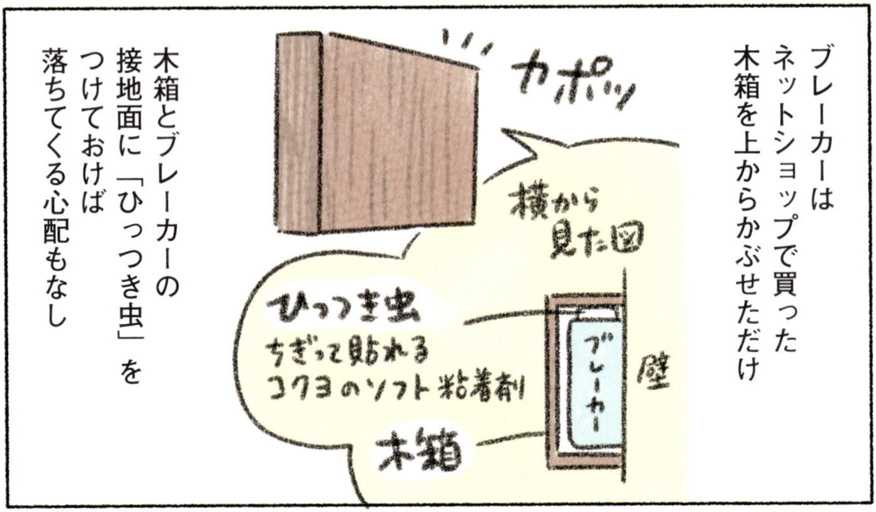
ブレーカーは
ネットショップで買った
木箱を上からかぶせただけ
カポッ
横から見た図
ひっつき虫
ちぎって貼れる
コクヨのソフト粘着剤
壁
ブレーカー
木箱
木箱とブレーカーの
接地面に「ひっつき虫」を
つけておけば
落ちてくる心配もなし

ドアには
トイレステッカーを貼った！
ネットで購入！
立体感が
かわいい♡
TOILET
TOILET
はがせるタイプの
ステッカーだから
シールはがしスプレーを
かければきれいに
取れる！
（※張る場所の材質による）
初めて壁紙と
床材張りに
挑戦したけれど、
こんなに印象
変わるんだな～
トイレなのに
かわいくなった！
うれしくて
毎回長居
しちゃいそう
う～ん気持ちイイ
やってよかった～

7　キッチンの窓を整えてみた

あ、でも右側の窓はコンロの真上だからカーテンは左側だけにしとこう
スッキリ感を出したいからロールスクリーンにしようかな～
わ！
花柄めっちゃかわいい！
買う前に注意点を確認しとこう
突っ張り式ロールスクリーンの注意点
取りつけには奥行きが必要
※商品によって異なる
仕組み上、上部と左右にすき間ができる
サイズは生地幅でなく製品幅で選ぶ！
○
×

購入品

突っ張り式
ロールスクリーン
87cm×74cm 遮光2級

合計9,952円

必要なもの
他にはなし

超かんたん! ロールスクリーン取りつけDIY!

どの製品も
取りつけ方は
ほぼ同じ!

①バネの片側を先に窓枠の内側に当て
バネを押しながら反対側をはめ込む

②リングを回し、
固定する
くるくる
③完了！
ぐらつきなくスクリーンが
昇降したら取りつけ完了！
わーっ
一気に
華やかになった‼
壁紙っぽさもあって
すごくかわいい！
そのまま右側も
DIYしよう！

続いて右側の窓のDIY

レトロで上品な柄!
購入品
ステンドグラス風フィルム
貼り直し可 80cm×100cm
合計1,910円
ガラスフィルムDIY
貼るだけ!
必要なものリスト
□タオル □鉛筆 □定規
□フィルム □カッター
□カッターマット □スプレーボトル
□中性洗剤 □下に敷くシート
□スキージー □タオル
作業は多いけど
やることはカンタン♪

①窓の掃除

定着をよくするため雑巾で
汚れやほこりを拭き取る

キュッ
キュッ
※クリーナーは使わないこと!

②フィルムをカット

測ったサイズより
2〜3㎝大きめに切る

鉛筆と定規で下書きしてからカットする

③洗剤液を作り、窓にスプレーする

水と中性洗剤を
200：１で混ぜた
洗剤液を作り、
スプレーボトルに
入れる

ガラス全体にスプレー!
※垂れるくらい多めに

④裏紙をはがし、フィルムの裏にも洗剤液を吹きかける

スピード大事!
プシュプシュ
裏
※飛び散り防止にシートなどを下に敷いておこう!

⑤窓に張る

窓に張ったら、
フィルムの表面に
傷がつかないように
スプレーを吹きかける

表面
シュッ
シュッ

スキージーを使って
中央から外に向かって
空気を抜いていく

⑥圧着したら余分なフィルムをカットする

窓枠から2㎜内側をカットしていく

※ガラスに傷をつけないように注意

⑦スキージーで水と空気を抜く

仕上げにもう一度
洗剤液を表面に吹きかけ
ゆっくり水と空気を抜く
(⑤と同じ作業)

最後に押し出した水を
タオルでしっかり拭き取る！

これをしないと
端からフィルムが
はがれてくる
可能性がある

わぁ…
ガラスフィルムは
きれいだし
ロールスクリーンは
すごくかわいい
見るたび
幸せな気分に
なれそう…

8　キッチン道具の収納ボードを作ってみた

数日後…
ということで、購入してきた材料でキッチン収納DIY！
目隠しとしても日除《よ》けとしても機能してくれる収納を木の板で作ってみる！
ジャーン！
76cm
85cm
ここに取りつける
取っ手があるのでその少し上までの大きさ

ホームセンターと100均での購入品
100均
石膏ボードピン
耐荷重5kg
2個入り×3袋
330円
木箱・木の板
計220円
ねじが貫通しないくらいの厚みの板
水性ウレタンニス
300ml
ウォルナット
1,410円
ベニヤ板 三六判
厚み2.5mm 1,180円
カット2カ所 110円
1,290円
100均
フック金具
2P入り×3個
330円
三角吊り金具
6P入り
110円
棚受け金具135mm
ねじつき
1,628円×2個
3,256円
合計
6,946円

キッチン収納ボードDIY！
必要なものリスト
□P79の購入品
□サンドペーパー
□軍手 □ハケ
□ドライバー □鉛筆
□金づち
作業前に新聞紙などを床に敷いておこう！

①サンドペーパーでベニヤ板の表面を磨く

シャカシャカ

②ニスを塗る

ぐるぐるぐるぐる
ウレタン
瓶を振るか割り箸でよく混ぜる

木目にそって薄く均一に塗っていく

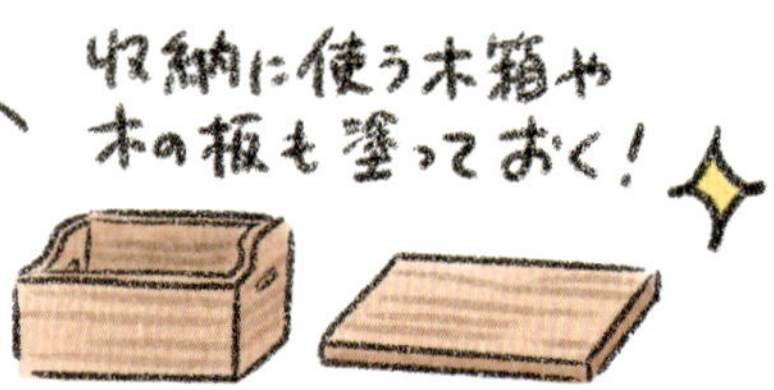
収納に使う木箱や木の板も塗っておく！

③ニスを二度塗りする

二度塗り推奨の板は
指定の時間をおいて
十分に乾かし、
二度塗りする

※塗りすぎると垂れやムラの原因になるので要注意！

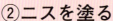

④ベニヤ板に吊り金具を取りつけ 窓枠に石膏ボードピンを打ち込む

しっかり乾いたら、ベニヤ板の上部に等間隔で吊り金具を取りつける

裏
凸が上に向くように
木の縁にのせ
裏面にネジを取りつける
上
表面

設置する場所に板を当て、窓枠に鉛筆で金具と同じ箇所に印をつける

印をつけた所に石膏ボードピンを取りつけていく

まず
フック状のパーツを
印に当てる

部品にピンを軽く刺してフック状のパーツに重ねる

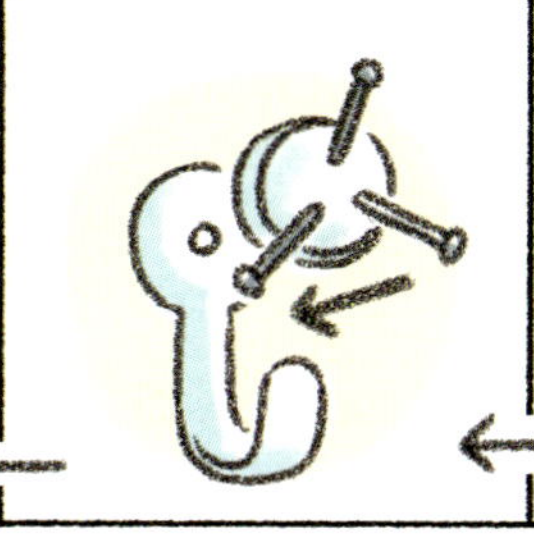

金づちで打ち込む（印をつけた全箇所を同様に行なう）

コン
コン

⑤棚にする木の板、木箱を取りつける

棚用の木の板には棚受け金具をドライバーで取りつけベニヤ板に固定する

木箱にはベニヤ板に当たる部分に2〜3カ所吊り金具を取りつける

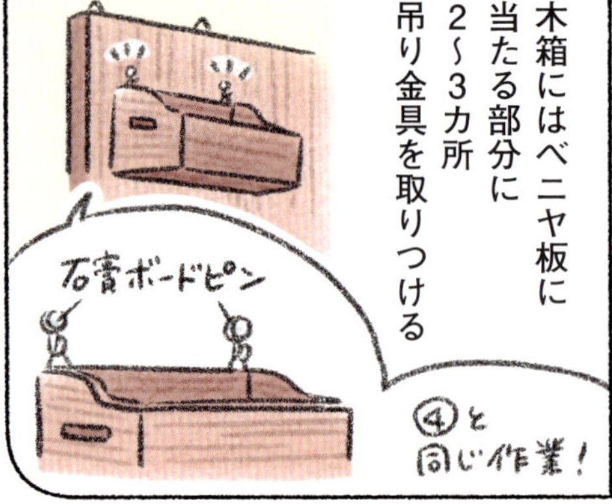

⑥ベニヤ板にフック金具を取りつける

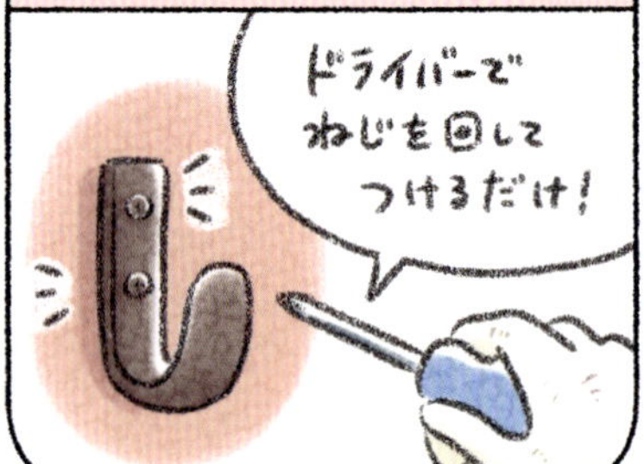

⑦窓枠の石膏ボードピンのフックにベニヤ板を掛けて吊るす

パスタやレトルト入れ
ポストカード
粉末ドリンクやはちみつ置き場
はさみ
ピーラー
鍋つかみ
お玉やフライ返しなどの調理器具
わーい
収納の充実ぶりだけじゃなく、木の壁みたいでおしゃれになった！
ステキ!!

9　タイルを張ってみた

もう一手間かけて
気になっていた謎の段差のある
シンク正面に
「魅せるDIY」をすることに
この部分に
はがせるタイル
シールを張って
かわいくしよう!
幅100cm 高さ7.5cm
ワンポイントとして♪

―必要枚数計算法―

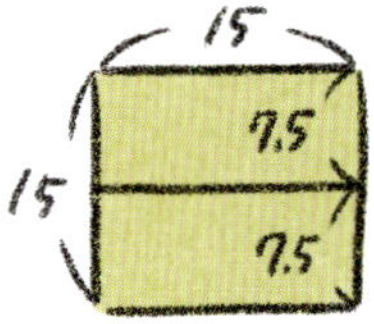
15
15
7.5
7.5

タイルシール
1枚の半分が
7.5cm

つまり、シンクの高さが
シート半分でちょうどなので
1枚につき幅30cm分張れる

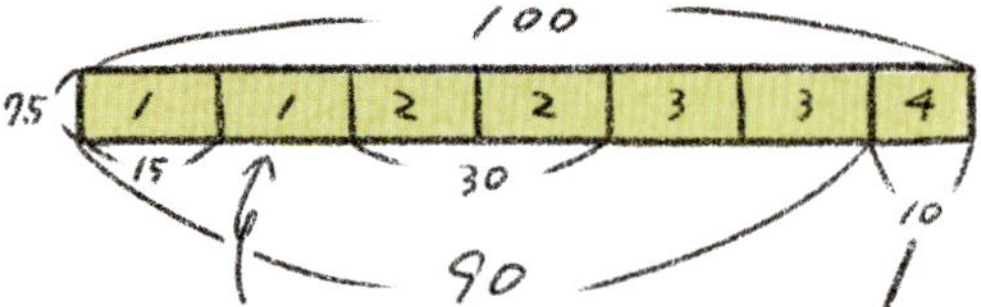
100
7.5
1
1
2
2
3
3
4
15
30
10
90

数字はタイルの枚数

シート3枚で90cm分張れるので
+1枚の4枚で全面張れる!

(※一つ一つのタイルが小さい
正方形のタイルシールは
広範囲だと切らずに使えるし
計算もしやすい!)

ネット購入品

タイルシール
15cm正方形
4枚
3,496円

目地材 200g
397円

合計3,893円

必要なものリスト

- ☐タイルシール(はがせるタイプ)
- ☐カッター
- ☐カッターマット
- ☐タイル用ヘラ
- ☐目地材
- ☐タオル

①タイルのすき間から
タイルシールをカットする

力を入れずに切れる！
スー

②裏紙をはがして
張りつける

ペリ
張る場所を
掃除してから！
ペタ

③目地材を作る

注意
水を一気に加えると
ダマになりやすいので少しずつ！

粉末タイプなら
説明書の分量で
水を加え、
割り箸で
クリーム状に
なるまで練る

ハミガキ粉
くらいのやわらかさ
チューブタイプは
そのままでOK！

④タイルの溝に目地材を塗る

ヘラを使って
押し込みながら
塗り込む

ゴム製が使いやすい！

⑤余分な目地材を
かたまる前に拭き取る

目地材が
乾ききる前に
タオルかスポンジを
湿らせて拭き取る

でっきた～
ワンポイントのレトロ感がかわいい！
手間はかかるけどその分自分の理想に限りなく近づいたDIYってなんてステキなんだ…
うっとり…

タイルを張る場所
アイディアMEMO

キッチンカウンター

水で濡れても汚れても
さっと拭き取れて衛生的！
上面に張りつけて
ワンポイントにしてもよし、
箱の中にも敷き詰めて
統一感を出すのもよし♪

キッチントレイ
アクセサリートレイ

食器を運ぶ用も、
アクセサリーを飾る用も、
どちらもレトロおしゃれな
雰囲気に！

サイドテーブル

タイル1枚のサイズによって
印象を大きく変えられる
タイルで楽しむサイドテーブルは
一つあるだけでセンスが光って
見えるかも？

ちょっとしたスペースに

キッチン・洗面所・玄関・階段などの
すき間や段差、
出窓部分や机の縁など
さびしく感じる部分にワンポイント！

特別編　DIYの先輩の家に行ってみた

コージさんの持ち家DIYを見てみよう！

＼DIYその7／
砂壁を明るくおしゃれに！

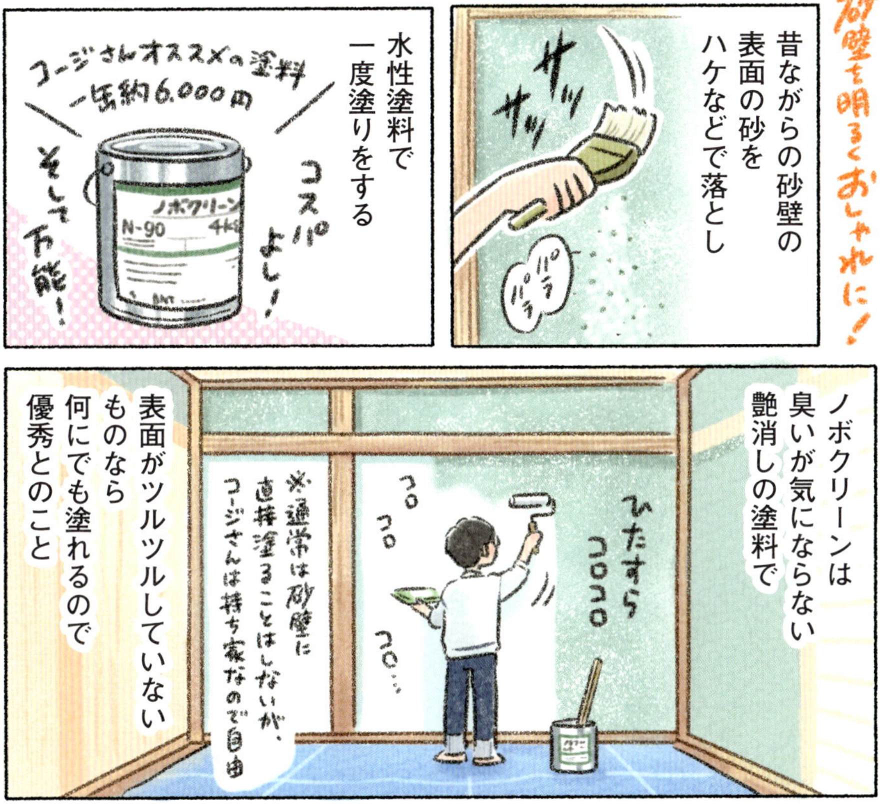
昔ながらの砂壁の表面の砂をハケなどで落とし
サッ
サッ
パラ
パラ
水性塗料で一度塗りをする
コージさんオススメの塗料
一缶約6,000円
コスパよし！
そして万能！
ノボクリーン
N-90
4kg
ノボクリーンは臭いが気にならない艶消しの塗料で
ひたすらコロコロ
コロ
コロ
コロ…
※通常は直接砂壁に塗ることはしないが、コージさんは持ち家なので自由
表面がツルツルしていないものなら何にでも塗れるので優秀とのこと

コージさんからのアドバイス

ちなみに本来は、下塗り材（シーラー）を塗り、
乾いたらノボクリーンを二度塗りします。
私の場合最初は手間をかけずに
下地なし、一度塗りのみで塗装しました。
剥離したら上塗りで補修しています。
完璧にしたい場合は最初から手間をかけて
行ないましょう！

before
洋室にする壁リフォームを業者に頼むと
10万円以上するところを
DIYなら6,000円で済み、このクオリティ!
after
砂壁のザラザラ感が活かされて
漆喰のような味わい深い壁に!
グレーがかった白色は落ち着きもありつつ
お部屋を明るい雰囲気にしている!
おお

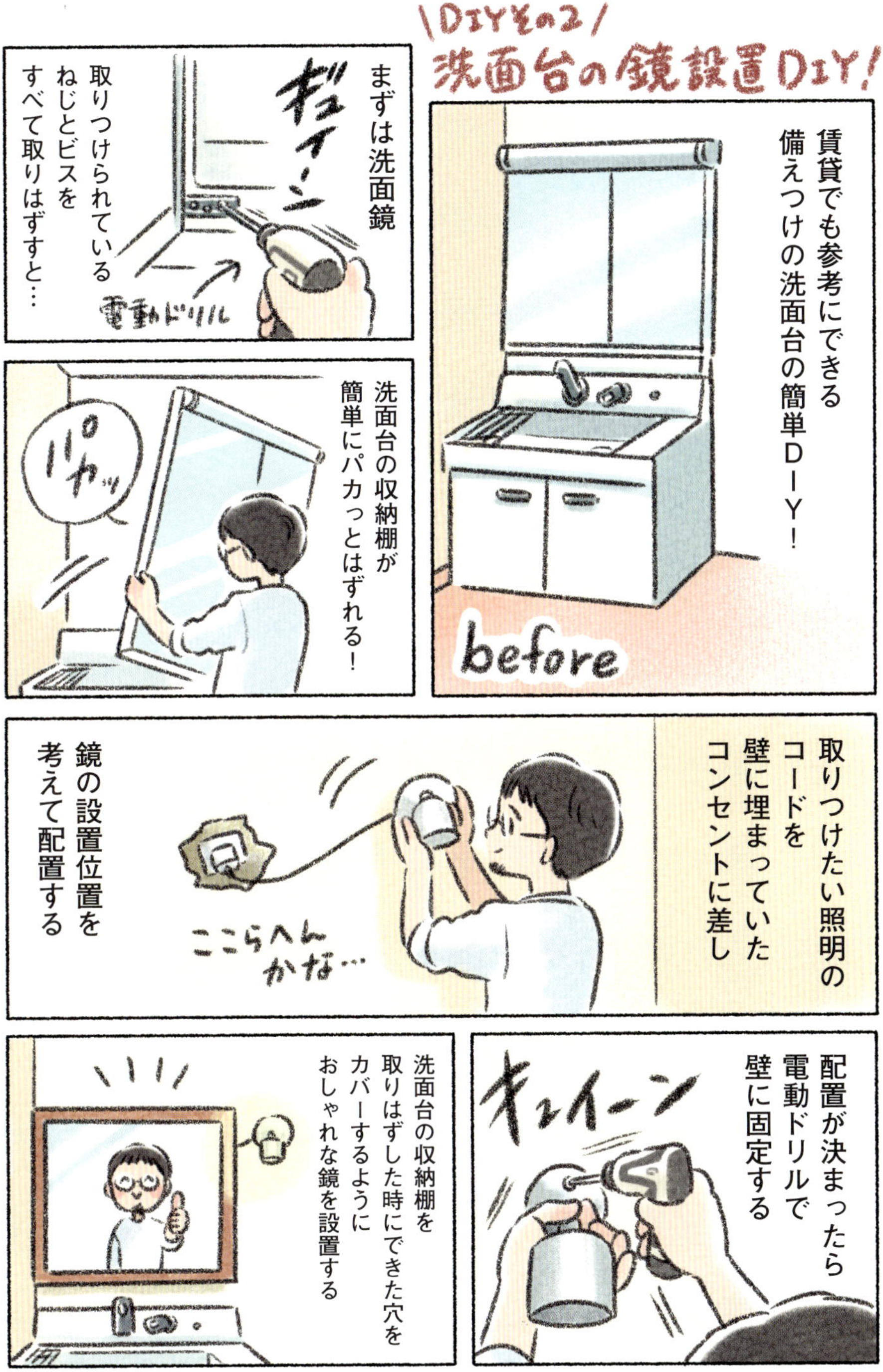
\DIYその2/
洗面台の鏡設置DIY!
賃貸でも参考にできる備えつけの洗面台の簡単DIY!
before
まずは洗面鏡
ギュイーン
取りつけられているねじとビスをすべて取りはずすと…
電動ドリル
洗面台の収納棚が簡単にパカっとはずれる!
パカッ
取りつけたい照明のコードを壁に埋まっていたコンセントに差し
鏡の設置位置を考えて配置する
ここらへんかな…
配置が決まったら電動ドリルで壁に固定する
キュイーン
洗面台の収納棚を取りはずした時にできた穴をカバーするようにおしゃれな鏡を設置する

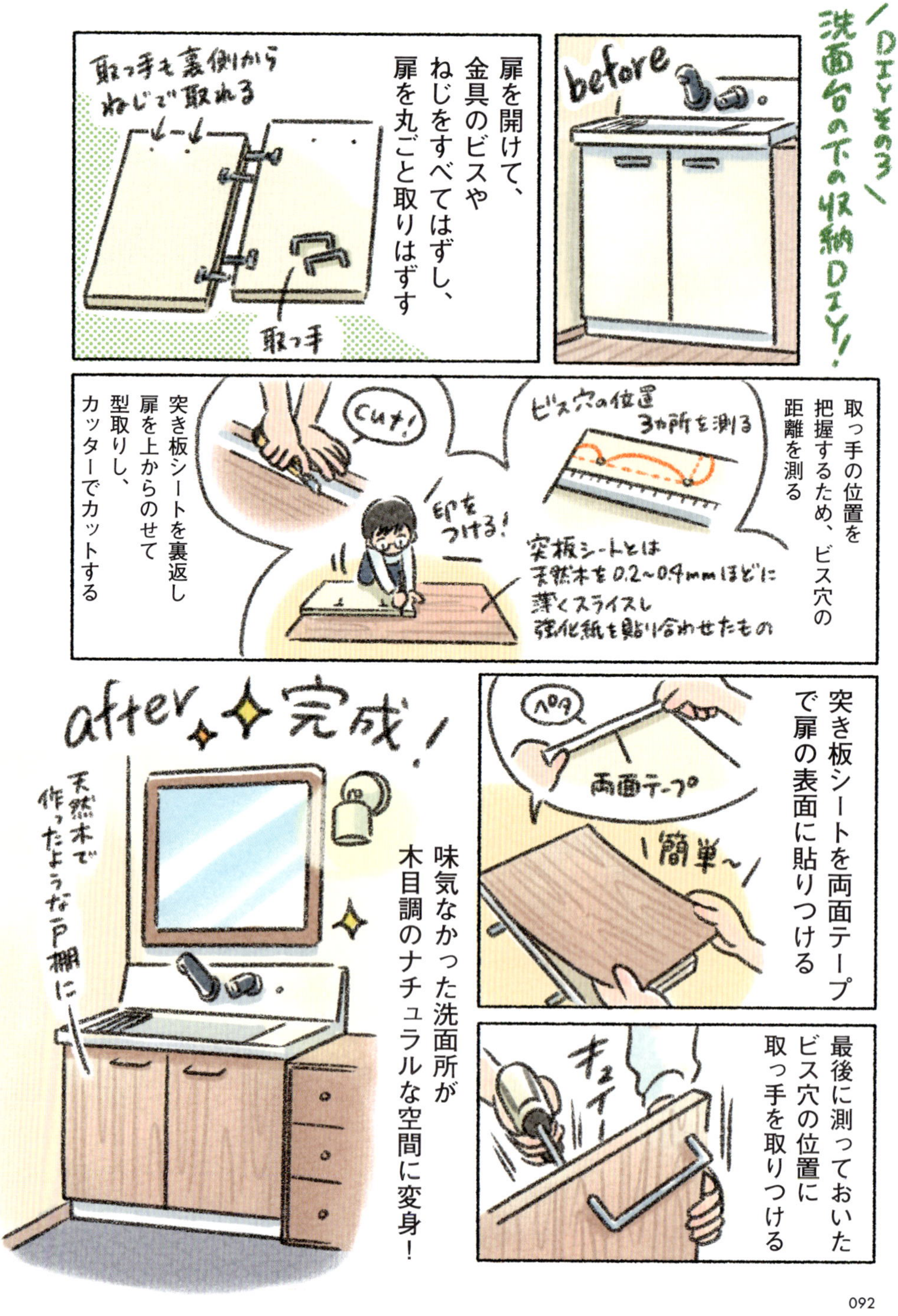
DIYその3
洗面台の下の収納DIY!
before
扉を開けて、金具のビスやねじをすべてはずし、扉を丸ごと取りはずす
取っ手も裏側からねじで取れる
取っ手
取っ手の位置を把握するため、ビス穴の距離を測る
ビス穴の位置3か所を測る
印をつける!
突板シートとは天然木を0.2〜0.4mmほどに薄くスライスし強化紙を貼り合わせたもの
cut!
突き板シートを裏返し扉を上からのせて型取りし、カッターでカットする
突き板シートを両面テープで扉の表面に貼りつける
ペタ
両面テープ
簡単〜
最後に測っておいたビス穴の位置に取っ手を取りつける
キュイー
after 完成!
天然木で作ったような戸棚に
味気なかった洗面所が木目調のナチュラルな空間に変身!

＼DIYその4／ 自由に使える壁を作る！

使用する「カインズ」の
1×4材アジャスターセット

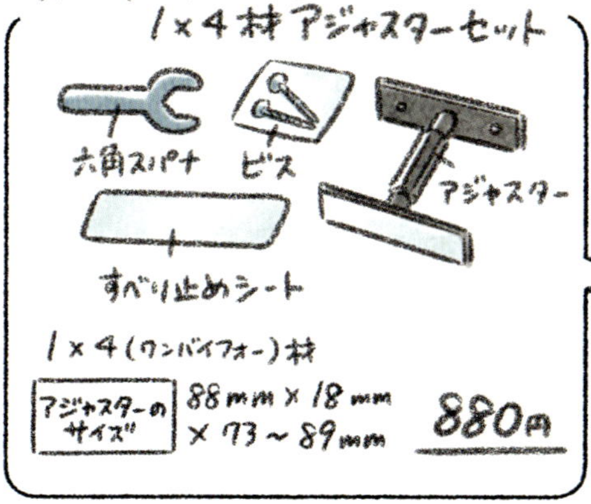

六角スパナ
ビス
アジャスター
すべり止めシート
1×4（ワンバイフォー）材
アジャスターのサイズ
88mm×18mm×73〜89mm
880円

すでにある壁の前にもう一つ壁を作るので賃貸でもできるDIY！
ココ

ちなみに
1×4（ワンバイフォー）材とは、木の断面のサイズのこと

1インチは19mmです

1×1材	1×2材	1×3材	1×4材	1×6材
ワンバイワン	ワンバイツー	ワンバイスリー	ワンバイフォー	ワンバイシックス
19mm / 19mm	38mm / 19mm	63mm / 19mm	89mm / 19mm	140mm / 19mm
2×2材	**2×3材**	**2×4材**	**2×6材**	**2×8材**
ツーバイツー	ツーバイスリー	ツーバイフォー	ツーバイシックス	ツーバイエイト
38mm / 38mm	63mm / 38mm	89mm / 38mm	140mm / 38mm	184mm / 38mm

1×4材は薄いのでせまい場所でも設置可能

角材にアジャスターを当てて、ビス穴に鉛筆で印をつける

ギュイン

印部分に電動ドリルで穴を開けアジャスターをビスで固定する

角材にアジャスターを取りつけたら、壁に立て掛けて
横から見た図
スポッ
付属の六角スパナを使ってボルトを締め、突っ張らせる
ぐっ
角材と角材の間に断熱材を敷き詰めたら
楽天で購入した断熱材
ブルースタイロフォーム
900x600x15mmを2枚
(1枚1000円ほど)
上下に並べて張りつける
断熱材
断熱材
カッターで簡単に切れる
塗装したベニヤ板を角材も隠れるように上からかぶせ、タッカー（ホッチキス型の工具）で留める
壁のサイズに合わせて切ったベニヤ板
パチン
完成！
これで直接フックを取りつけたりタイルを張りつけたりと、カスタマイズ自由な壁に！
ベニヤ板に接着剤を塗ってタイルを張っただけ

どうしたらこんなに素材を活かせるアイディアとコスパのいいDIYを思いつけるんですか？
センスがすごい…
棚
DIYはセンスが必要と思われがちだけど
自分で満足できればそれで成功なんです
手を入れていくと愛着が湧いてどんどんおうちが好きになる
生活の幸福度が上がるんです
押し入れ
コージさんの言葉や行動、表情から家への大きな愛が感じられた
なんてステキなんだろう
私もそんな愛のある家をDIYで作りたいと思った

10　押し入れを収納スペースに変身させてみた

ベニヤ板を張りつければ壁（板）にいろいろ取りつけられるから賃貸でもスペースを使えるって言ってたな！
階段裏の壁
①
②
③
ベニヤ板①
思い切ってやってみるか
私にもできるかな…
壁それぞれのサイズを測りホームセンターへ！
①
階段裏
119cm×72cm
②
奥の壁
77cm×87cm
③
左側の壁
72cm×87cm
またもやお手伝い
GO!

購入品

石膏ボードピン

3ピンタイプ
100均4個入り
110円×4袋

440円

ベニヤ板

三六判 厚み2.5mm
1,180円×3枚＝3,540円

カット料 1カ所 55円
3枚重ねて2カ所＝55×2＝110円

計3,650円

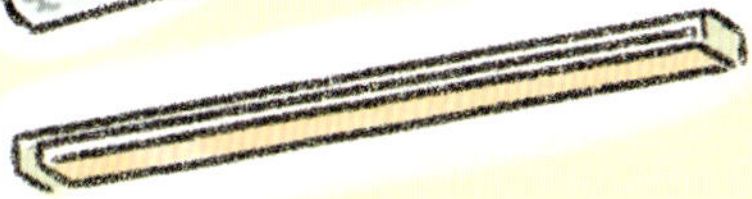

人感センサーライト
LED USBタイプ

1,400円

強力
突っ張り棒
耐荷重 20kg

2,280円

アサヒペン
結露の水だれ防止
スプレー防カビプラス
400ml

798円

合計
8,568円

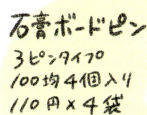

意外と
押し入れかんたんDIY!
ふすまをはずしておくと作業しやすい!
購入品以外で必要なもの
□サンドペーパー
□軍手 □金づち □鉛筆
□取りつけたい道具
□端材か厚紙

①ベニヤ板に防カビスプレーをかける

サンドペーパーで
表面をなめらかにする

シャカシャカ

両面に防カビスプレーを
かけて1〜2時間乾かす

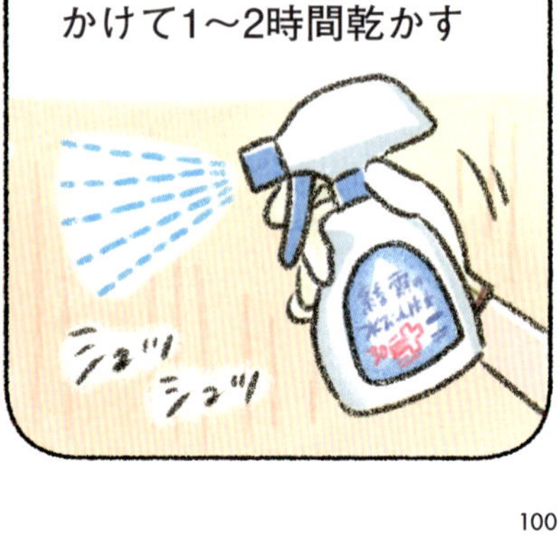
シュッシュッ

②奥→左（または右）の順に板を取りつける

石膏ボードピンのピンだけを使って打ちつけていく
15cmおきくらいに等間隔で

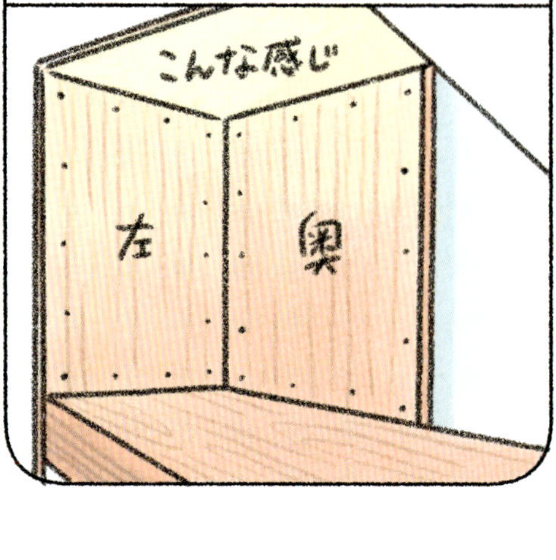
こんな感じ
左
奥

ー階段裏の取りつけ方法ー

壁が斜めになっていて
奥のほうはピンが直接
打ち込めないため
奥の壁に板の支えとして
ピンを打ち込んでいく

階段裏

(1)まず仮に板を当て
ピンを打ち込みたい奥の壁に
等間隔で鉛筆で印をつけておく

(2)いったん板をはずし、
印をつけた所に石膏ボードピンの
ピンだけを打っていく

(3)の工程があるため、ピンは2.3mm出しておく
壁
2.3mm

(3)奥の壁にすべて
打ち込んだら
差し込むように板を入れる

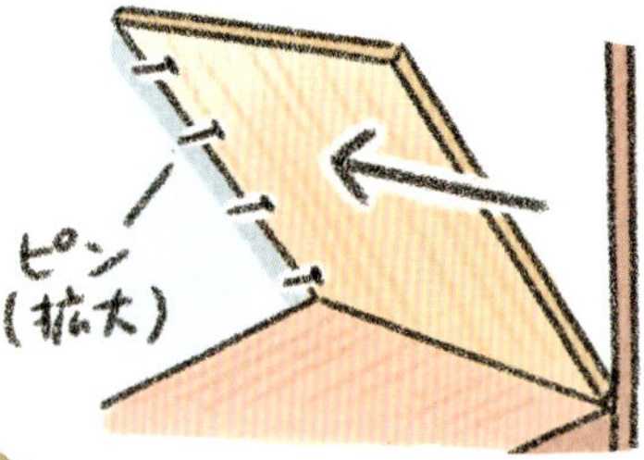
ピン（拡大）

(4)板の上辺と手前の辺に
等間隔でピンを打ち込む

大変だったけど、なんとか
完成

③突っ張り棒を取りつける

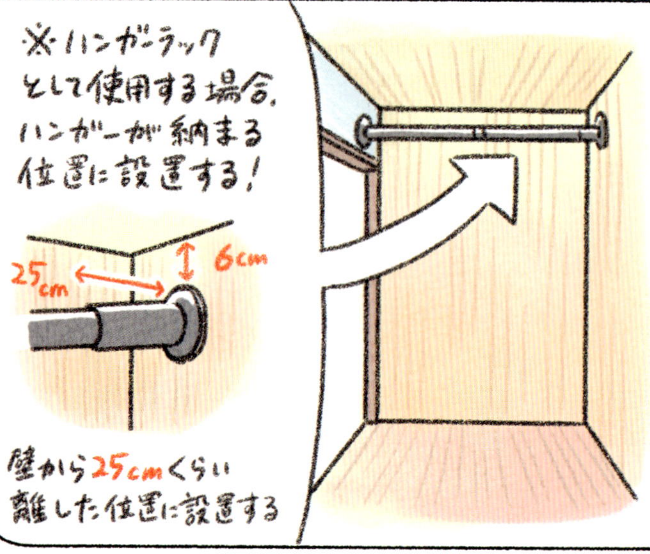
※ハンガーラックとして使用する場合、ハンガーが納まる位置に設置する！
25cm
6cm
壁から25cmくらい離した位置に設置する

押し入れの右側は階段裏の壁で取りつけられないため奥の壁と手前の縁に渡して取りつけることに

④棚やタオルバー、フックなどを板に取りつける

板の厚みが薄めの場合、ピンや金具が貫通して壁に刺さらないように注意する！

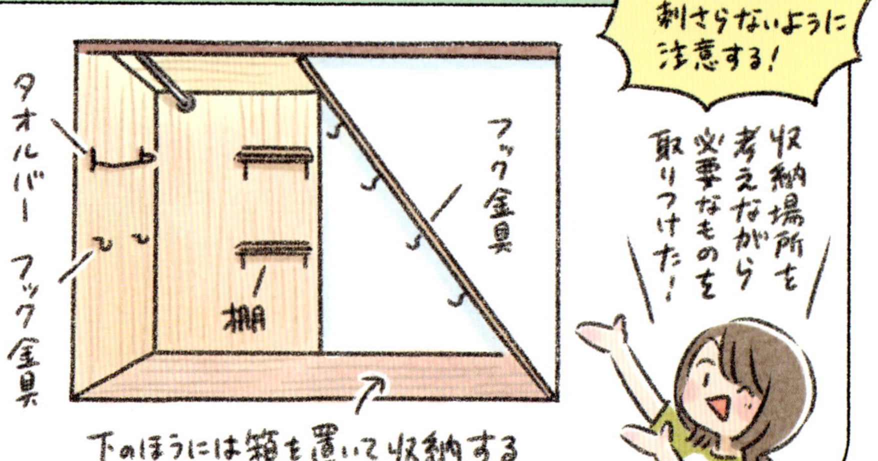
タオルバー
フック金具
棚
フック金具
下のほうには箱を置いて収納する
収納場所を考えながら必要なものを取りつけた！

⑤人感センサーライトを手前の壁につける

夜でも押し入れを明るく照らすためにセンサーライトを取りつける

天井
先に端材や厚紙の
四隅をピンを刺して
壁に取りつけ
その上からライトを張る

＼センサーライト／
充電方式の種類と、おすすめの設置場所

USB	太陽光	電池	コード

・室内 ・廊下 ・階段 ・クローゼット	・屋外 ・庭 ・駐車場 ・ベランダ	・室内 ・倉庫 ・キャンプ	・室内 ・屋外 ※長時間用ならコレ！

今回は、使用頻度が高い押し入れなので
コードレスで電気代節約にもなる
USBタイプを選びました

スッキリしてるのにしっかり収納！
押し入れDIYでき上がり〜
ホク
ホク
奥まで見渡せるし
壁全面を使えて
無駄のない
収納スペースになった！
アイディア次第で
こんなに機能的に
なるとは！

押し入れＤＩＹの細部を見てみよう！

収納したいものに合わせて
道具を組み合わせてみよう！

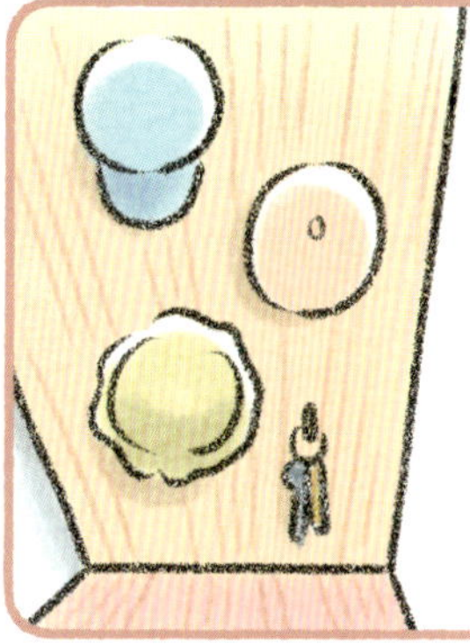

階段裏の板には
フック金具
を取りつけて
帽子掛けに！
家の鍵の
定位置としても！

奥の板には
バッグとパンツを
置く棚を取りつけた
(板と棚受け金具のみでできる)

左側の板には
タオルバーを取りつけ、
ベルトなどの収納に♪
(有孔ボードを取りつけるのも便利)

11　カーテン代わりにすだれを取りつけてみた

パキッ
え！
割れた？
カーテンランナー
あっ…
パキッ
パキ
パキン
パキッ
ええ…
あれ
あぁ…
劣化していたカーテンランナーが全部壊れて落ちてきた…
洗濯ばさみ
とりあえずつけてみたけど幅が全然足りなかった
カーテン買うかなあ…でも年中同じのつけてると季節感ないしシーズン別に2種類買うのは出費が痛い…
ネットショップを検索中…
ロールカーテンはうちの窓の幅が大きすぎて合うものがないなあ
ブラインドは掃除が大変だしクールな印象でイメージと違う
う〜ん
ぬくもりがあって和っぽくて、さらに節約できるもの…
何かない〜？？

ボワワ〜ン
夏の窓といえば…
そうだ!!
畳と合わせて
和のテイストにできるし
夏っぽい涼しさもある
すだれがピッタリかも!!
長さは巻いて
調整できるし、
扱いやすそう
こうして見ると
いろんな色が
あるんだな〜
ナチュラルだけじゃなく
モダンにも
シックにも
意外と
合いそう
えーと、
すだれの幅と
必要枚数の計算は…
うちの窓は出窓で
すぐ横が壁
窓の端から壁までの幅が
左右2㎝ずつあるので
プラス4㎝
壁
← 250 cm →
壁
2cm + 2cm
最大254cm
すだれは2枚並べる場合
重なると巻きづらいから
2枚合わせて
最大254㎝幅に入る
サイズじゃないとな

それをふまえて すだれのサイズを 見ていくと
100×150
120×150
150×180
この 幅120㎝を 2枚並べて 少しすき間が できるくらいか
240
すき間 5cm
すき間 5cm
取りつけは簡単に S字フックで カーテンレールに吊るそう
高見えする アイマンにしよっと♪
ポチリ ポチリ
すだれ上部の 木部の幅に入る S字フックじゃないとね
ココの幅
ココの幅
購入品
すだれ
120cm×150cm
4.986円×2枚
計9.972円
S字フック
213円×10本
計2.130円
窓に取りつけた時に すき間があかないように 小さめのものを 選ぼう!
私の場合 部屋を明るくしたかったので うす茶色を購入!
合計
12,102円

数日後
ピンポーン
宅配便でーす
はーい
荷物が届いた！
お昼のラーメンを作ってる間にちゃちゃっと
すだれ取りつけDIYスタート！
んポポ
まずはカーテンレールにS字フックを引っ掛ける
※カーテンレールがない場合は突っ張り棒を取りつける
5本
5本
S字フックはすだれ1枚に5本ずつ取りつけるので合計10本を等間隔でカーテンレールに掛けていく
すだれの上の部分のすき間にS字フックを通し、吊り下げる
よいしょっと

ホワァ～
あっという間に
取りつけ完了～
ズルルル
ん～
気持ちのいい明るさと
高級感…
すだれにして
正解だったな

すだれ取りつけ場所アイディア5選

部屋と部屋の仕切りに

自宅が旅館のような雰囲気に!

お部屋の一角にインテリアとして

夏っぽさを出したい時、
和の雰囲気を出したい時に
細長いすだれや
小さめのすだれを吊るすと
雰囲気がガラリと変わる!

ベランダを個人スペースに

物干し竿に取りつければ
目隠し＋サンシェードとしても機能
無機質な隔板にも
取りつければぬくもりが出る！

目隠しとして

窓を開けると外から
中が見えてしまう構造なら
棚にすだれを取りつけると
窓を開けておけるように♪

見せ方を変える

物がたくさん入った棚に
すだれを掛けるだけで
目隠ししつつ
インテリアとして見せられる

12　ランドリー収納を作ってみた

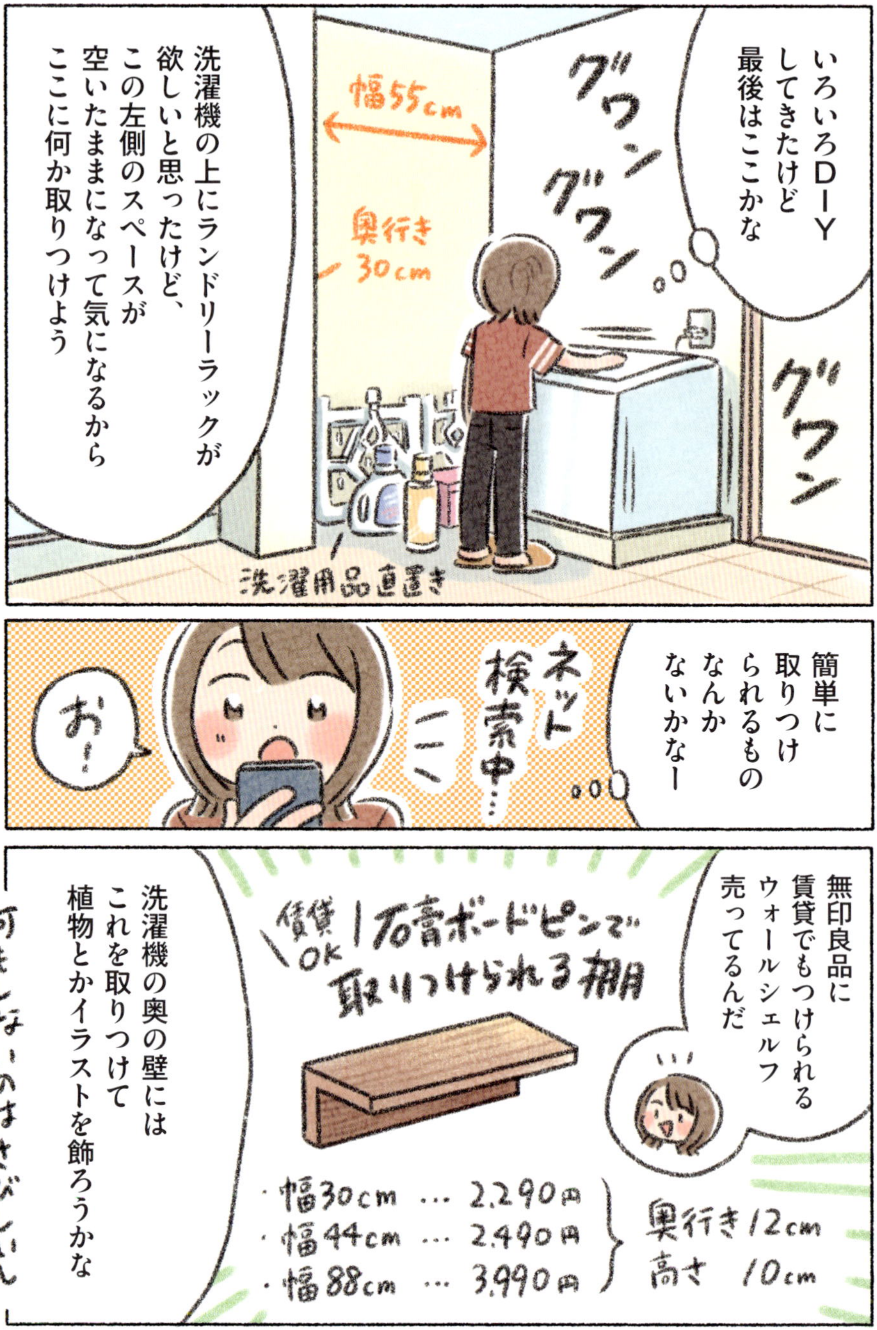

購入品
無印良品
壁に付けられる家具棚
幅44cm（取りつけ用ピン 工具付属）
2,490円
ネット
ニトリ
ワイヤーバスケット
幅17×奥行き25×高さ14cm
1個799円×2個
1,598円
突っ張り棒
伸縮幅45～70cm
581円×3本
1,743円
突っ張りラック
伸縮幅55～75cm
奥行き26cm
耐荷重最大30kg
1,680円
S字フック
11cm2個入×2袋
220円
100均
木の板
50×25cm
220円
合計7,951円
必要なものは購入品のみ！のせたり掛けたりするだけ！
ランドリー収納
超かんたん
DIY！

上段・棚

①突っ張りラックを取りつける

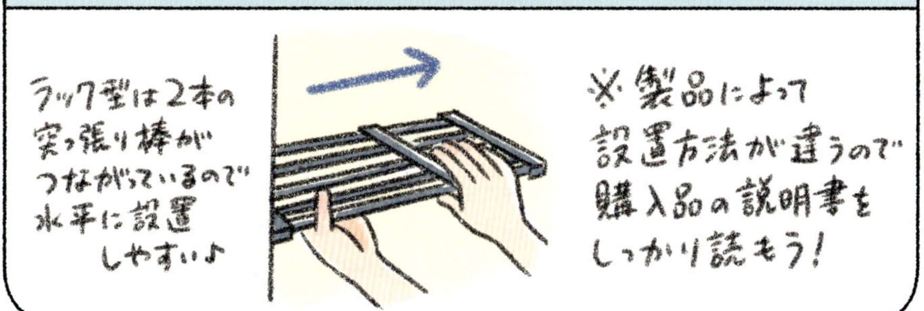
ラック型は2本の突っ張り棒がつながっているので水平に設置しやすいよ
※製品によって設置方法が違うので購入品の説明書をしっかり読もう！

②木の板をのせ、棚にする

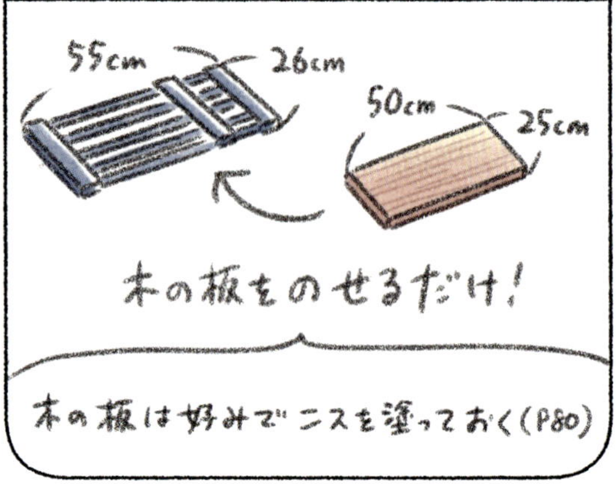
55cm
26cm
50cm
25cm
木の板をのせるだけ！
木の板は好みでニスを塗っておく(P80)

完成！
かんたんだから何段でもできそう！

中段・タオルボックス

①ワイヤーバスケットに突っ張り棒を通して
固定し、壁にワイヤーバスケットの奥を当てる

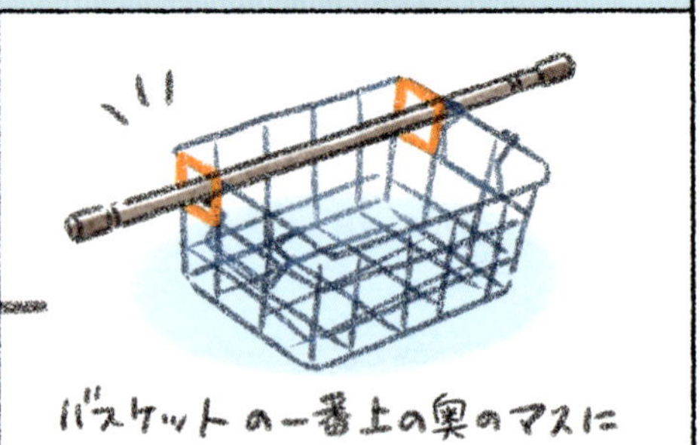
バスケットの一番上の奥のマスに
突っ張り棒を通す

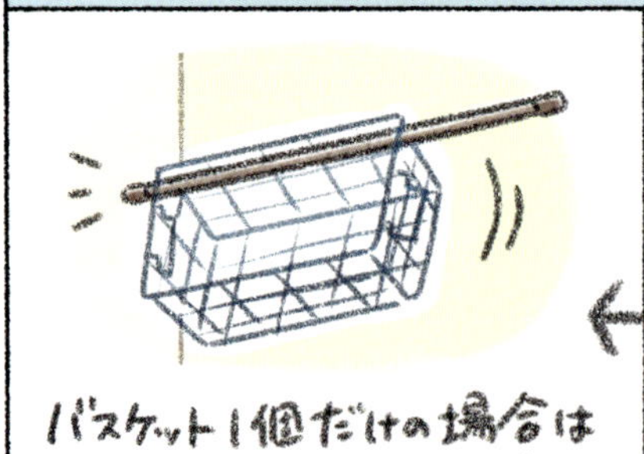
バスケット1個だけの場合は
そのまま棒を伸ばして設置する

誰かに手伝ってもらえたらやりやすい！

取りつけ作業中は不安定だけど
設置後に取りつけ場所の
微調整はできるので
心配しなくて大丈夫！

②バスケットを2個並べる場合は
バスケット2個に突っ張り棒を2本通し、
調節しながら少し斜めに取りつける

もう1個のバスケットに
①の突っ張り棒を同様に通して、
壁に取りつける

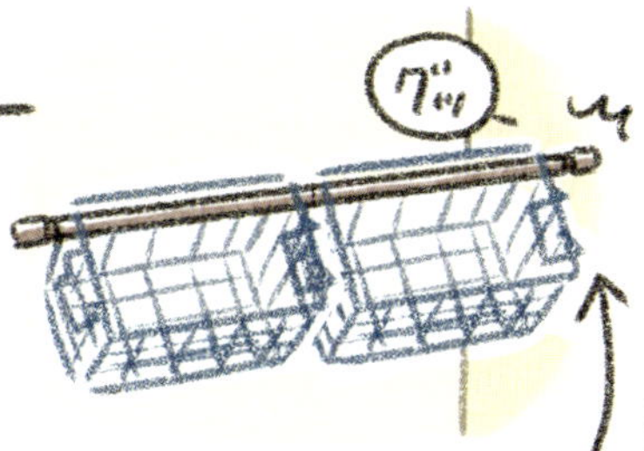

※ワイヤーバスケットは
取っ手の幅も考慮して
サイズを選ぶこと

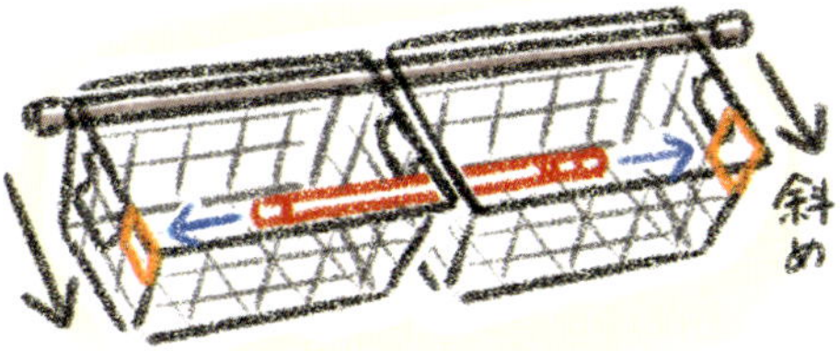

2本目の突っ張り棒は
縮めた状態で
今度は一番上の
手前のマスに通し
伸ばしながらしっかり
壁に取りつける

（※2本目の突っ張り棒は
1本目の突っ張り棒より
少し下に取りつける）

下段・洗濯物干し掛け

①突っ張り棒を取りつけ、ハンガーや
洗濯物干しを引っ掛ける

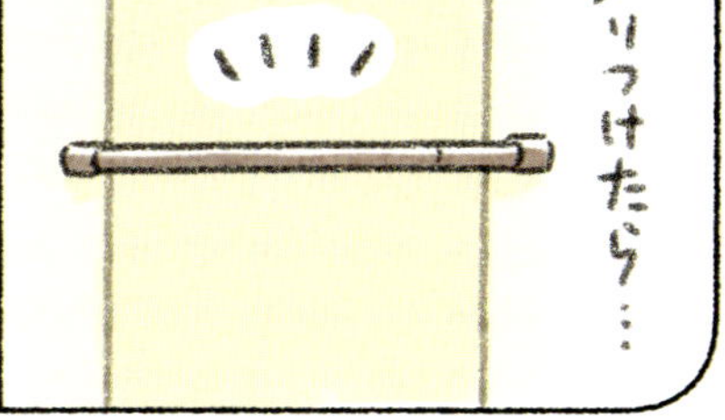

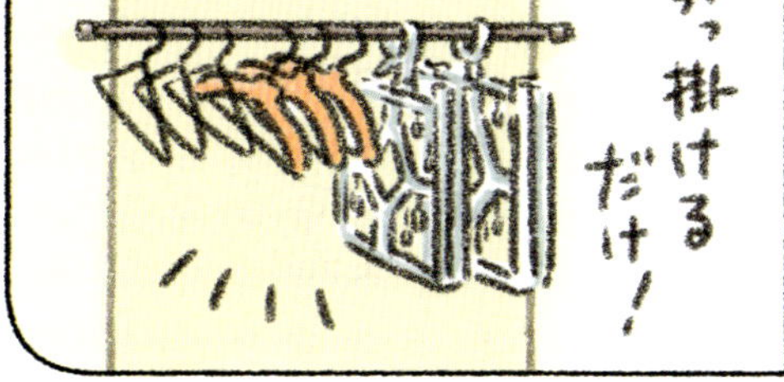

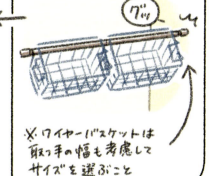

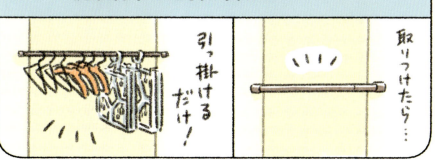

たったこれだけで
ランドリー収納の
でき上がり〜
かんたんなのに
しっかり便利で
使いやすい！

耐荷重が大きいので
重めの洗剤を置いても安心
少し斜めに設置することで
見やすいし取り出しやすい
S字フックに取っ手つきの
バスケットを吊り下げれば
洗濯ばさみや洗濯ネットも
収納できる！
デッドスペースを
有効に使うと家が広く
感じられていいな
無印良品のウォールシェルフも
取りつけた

すのこで作るゴミ箱DIY!

材料はすべて100均!

必要なものリスト

□小さめののこぎり
□ラジオペンチ（先の細いペンチ。100均にもある）
□鉛筆 □木工用接着剤 □釘 □金づち
□(1)幅が同じすのこ2枚
□(2)幅が同じすのこ2枚
↳上記のすのこはすべて長さが同じものを
□底用の板（上記のすのこを組み立てた内寸のサイズが少し大きめのもの）

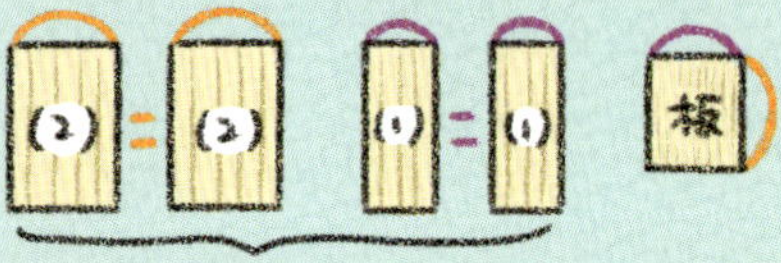

(2)=(2)
(1)=(1)
板

長さはすべて同じ（同じサイズのすのこ4枚でも可）

色をつけたい場合は組み立て前に行なう!

\ DIY START /

① (1)と(2)のすのこを組み立てる。
桟木が当たるので、
桟木をもう片方に重ね、
鉛筆で印を入れる

これを(1)、(2)各1枚行なう
（2枚分）

※桟木=横板のこと

(2)
(1)
桟木が当たってすき間ができる
桟木を重ねて印をつける

② のこぎりで印部分に
切り落とす手前まで
切り込みを入れる
カット部分をペンチではさみ、
力を入れて取りはずす

パキッ
桟木
簡単に取れる

③ 桟木の断面に接着剤を塗り、
組み立てて
側面の4枚を固定する

接着剤
ピタッ

④ 接着剤が乾いたら
箱形にしたすのこを横に倒し、
底用の板を当て
内寸の部分に印をつける

（板をすのこに当てる時も
すのこの内側の内寸に
合わせておく）

内寸

⑤ のこぎりで印にそって
板をカットする

ギコギコ

⑥ カットした板を底板にするため、
はめたい場所の桟木の下面に
接着剤をつけ、板をはめ込む

⑦ 接着剤が乾いたら、すのこの側面の
板が重なっている部分に
釘を打ちつけ固定する

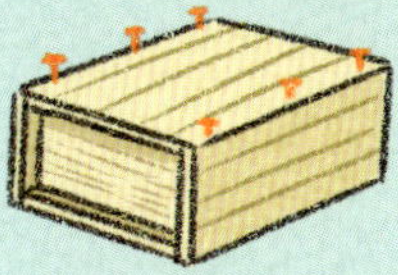

⑧ **完成！** ゴミ袋をかぶせて使おう！

カスタマイズアイディア

ふたを取りつける

蝶番×2個
＋
取っ手

ふたにする板の側面と
すのこの上面に
蝶番に取りつけ固定する

キャスターを取りつける

×4本

底板にキャスターを
取りつけるだけ！

仕切りを取りつける

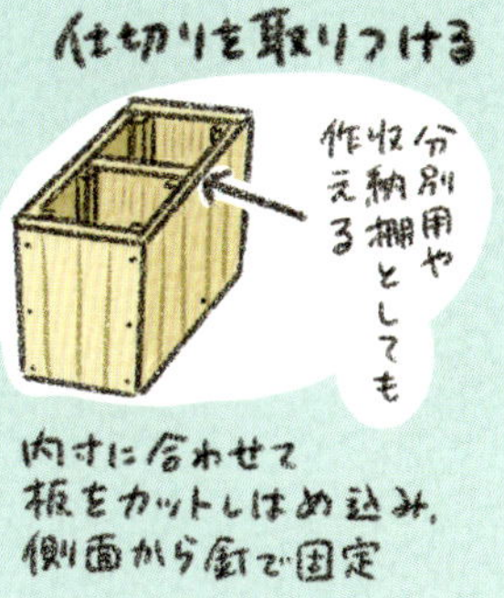
分別用や
収納棚としても
作える

内寸に合わせて
板をカットしはめ込み、
側面から釘で固定

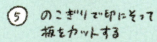

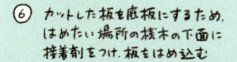

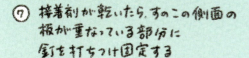

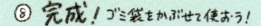

\合う板を見つけよう!/

すのこと板で作るすき間棚DIY!

必要なものリスト

- □ 置きたいすき間の幅に合う厚みのある板(棚板用)
  ↳ 購入したすのこの桟木の数と同じ枚数までOK
- □ 板の長さと同じ幅のすのこ(側面用)2枚
  ↳ すのこは100均でも手に入る!
- □ 木工用接着剤 □ 釘 □ 金づち

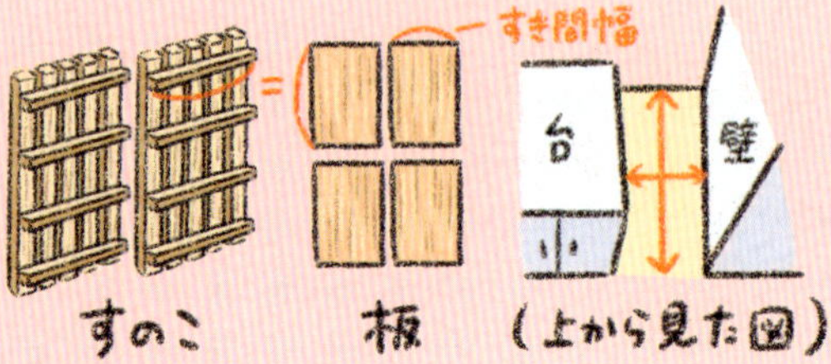

棚板のサイズはすき間の幅と奥行きに合うものを選ぼう!

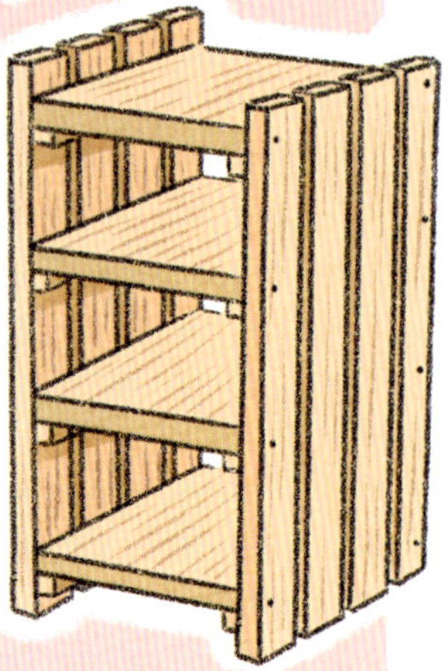

\ DIY START /

① すのこを2枚とも立て、桟木の上面に接着剤を塗る

② すのこの裏側を向き合わせて下から順に接着剤を塗った桟木に棚板をのせていく

※片方のすのこを壁につけて行なうと作業しやすい

③ 接着剤が乾いたら横に倒し、すのこの側面から棚板に釘を打ち固定する

④ 両面を固定したら完成!

アレンジ!

板は桟木の上ではなく背面に固定して、桟木には木箱やワイヤーラックをのせるだけ!

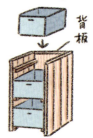

\ お部屋が垢抜け！ /

おしゃれなスイッチプレートに替えるプチDIY！

必要なものリスト

□ 市販のスイッチプレート　□ ドライバー

スイッチはよく触る場所で
1日に何度も目に入るので
自分好みのものに替えるだけで
気分が上がる！

\ DIY START /

① 壁のコンセントカバーを
手で取りはずす

② ブラケットのねじを
上下ともドライバーで
取りはずす

③ 新しいプレートを
ねじ位置に合わせ、
上下ともねじを
取りつけて固定する

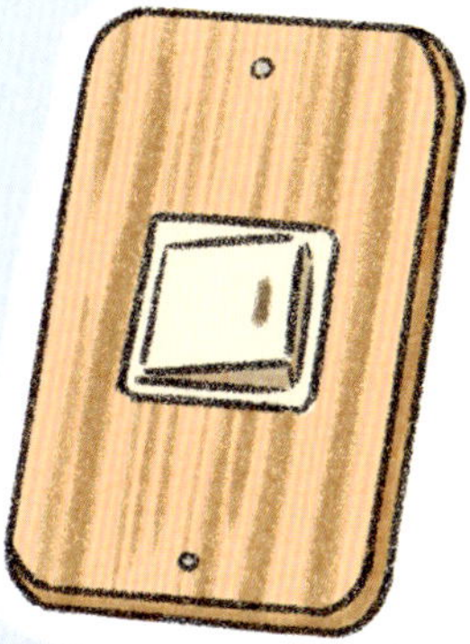

完成！

素材やデザインが豊富！

木製　アイアン　陶器　柄

素材や色も豊富なので好みに合うものが
見つかりやすい♪

プレートの
種類

1口

2口

3口

エピローグ

数ヵ月後
あ
ここだ!
あったー!
ユリカのイラスト屋
わぁ〜
掲示板も
手作りしてる〜
いろいろ
貼ってるね!
ほんとだ〜
ピンポーン
ガチャ
はーい!!
久しぶり!
いらっしゃーい

地元の長崎から友達が遊びに来てくれた
おばあちゃんちみたいな造りでしょ？
こっち
アハハ
ほんと、なんか安心感あるかも
けっこう広いね
わぁ…！部屋の中はすごいステキ！
落ちつく〜
あ！
窓際のスペースいいな〜
そう？
ありがと

ちなみに
お手洗いは
ここやけん
自由に使ってね
電気はここね
えっ！
かわいいい！
トイレじゃ
ないみたい
ここもDIY
したんだ？
そうなん
だよね～
少しでも
安く改装
したくてさ
けっこう
あちこち
しとるね
でも…

こうして
部屋の一部を
そのまま活かしたり
♪
デッドスペースを
機能的にしようと考えて
手を加えていったら

自分が
この家を育てたみたいで
愛情がわいてきてさ
エヘヘ
今では毎日の暮らしが
すごく豊かになったなって
思うんだ～

わあ！
それってすごくステキ…！
いいなあ〜
私
家に対してそんなふうに思ったことないかも…
そもそもDIYとかやったことないもん
ハードル高くて…
私も！
わかる〜
それが意外とできるんだよ！
簡単なものから
始めればだいじょーぶ!!
私も人生初のDIYだったけどやればだんだんコツがつかめてくるの
それにうちのDIYは切る・塗る・張る・取りつけるくらいしかしてないもん
電動工具なしだよ
え！
それでこんなにできるもんなの？
いろいろ話聞かせて！
私もやってみたいかも！

右も左もわからないまま
簡単なことから
自分なりに始めてみたけれど
今後は
工具も揃えて
DIYのレベルを上げて
より理想に近づけて
いきたいな
この家にはまだまだ
可能性があるから

あとがき
AFTERWORD

本書を手に取っていただき、ありがとうございました！

この本で紹介したDIYは、私が今の家に引っ越してすぐに行なったものばかりで、現在の家の状態とは少し異なっています。住んでいくうちにやっぱり以前の状態のほうが使いやすいかも、と元に戻したり、もっとこうしたい、とさらにDIYを加えた部分もあります。
このように、思い立ったらすぐに変えていけるのもDIYのよさなのではと思っています。

この本をきっかけに、気になっていた場所やものに自分なりに少しでも手をかけ、自分のお部屋や暮らしをより好きになる方が一人でも増えたらうれしく思います。
DIYも暮らしも自分次第で可能性は無限大！

思い切った上京、新生活を快適に楽しく暮らしたいという想いでお部屋をDIYしましたが、それがずっと夢だった単行本の出版につながり、胸がいっぱいです。

担当編集の中野さん、デザイナーの平谷さん、DTPの茂呂田さん、そのほか関わってくださった皆様、ステキな1冊を本当にありがとうございました！

2025年春　ユリカ

ユリカ

イラストレーター。
青春・ピュアな恋愛漫画を中心に、
何気ない日常や小さな幸せ、
人が人を想う気持ちなどをテーマに
漫画、イラスト、エッセイを
発表している。本書が初書籍になる。

Instagram/@yurika_work

賃貸《ちんたい》だけど
ＤＩＹ《でぃーあいわい》やってみた！

2025年3月27日　初版発行

著者／ユリカ

発行者／山下 直久

発行／株式会社KADOKAWA

〒102-8177　東京都千代田区富士見2-13-3
電話0570-002-301（ナビダイヤル）

印刷所／TOPPANクロレ株式会社

製本所／TOPPANクロレ株式会社

ISBN 978-4-04-897834-7 C0077